Der neue Sprachfuchs

Übungsbuch für das 2. Schuljahr

Ausgabe Nord

Karl-Heinz Klaas
Gisela Everling
Michael Herbert
Heinz-Peter Koulen
Klaus Lindner
Wolfgang Rückert
Sabine Trautmann

Ernst Klett Schulbuchverlag

Der neue Sprachfuchs
Übungsbuch für das 2. Schuljahr
Ausgabe Nord

Karl-Heinz Klaas, Gisela Everling, Michael Herbert, Heinz-Peter Koulen, Klaus Lindner, Wolfgang Rückert, Sabine Trautmann

Beratung: Karl-Heinz Brandt, Margit Meissner

Grafische Gestaltung:
Michael Bischof: S. 4–106
Dieter Grathwohl: S. 14, 22, 23
Matthias Dehlinger: S. 9, 18, 25, 26, 30, 43, 49 unten, 61, 62, 63 unten, 64, 65, 90, 97, 100, 104, 106 oben sowie die Fuchsköpfe auf den Merkkästen
Rainer Florus: S. 76
Tina Lochmann: S. 26, 36, 79

„Der neue Sprachfuchs" entstand unter Mitwirkung der Verlagsredaktion Grundschule.
Mitarbeit an diesem Werk: K. W. Walther, Verlagsredakteur

Zum Unterrichtswerk „Der neue Sprachfuchs", Ausgabe Nord, gehören:

2. Schuljahr	Schülerband	211202
3. Schuljahr	Schülerband	211302
4. Schuljahr	Schülerband	211402

1. Auflage   1 5 4 3 2 1 | 1994 93 92 91 90

Alle Drucke dieser Auflage können im Unterricht nebeneinander benutzt werden, sie sind untereinander unverändert. Die letzte Zahl bezeichnet das Jahr dieses Druckes.
© Ernst Klett Schulbuchverlag GmbH & Co. KG, Stuttgart 1990. Alle Rechte vorbehalten.
Einband: Regine Mack.
Satz: Setzerei Lihs, Ludwigsburg.
Druck: KLETT DRUCK H.S. GmbH, Korb
ISBN 3-12-211202-7

Quellenhinweise

S. 5 Rätsel und Was sind das für Sachen? (Volksgut). **S. 11** Und wenn das nicht die Wahrheit ist (Volksgut). **S. 12** Hans Jürgen Press: Jakob und der Hofhund. Aus: Hans Jürgen Press, Mein kleiner Freund Jakob. Otto Maier Verlag, Ravensburg 1967. **S. 13** Die Sprache der Tiere. Aus: Spreche und schreibe ich richtig? Ernst Klett, Stuttgart 1967. **S. 34** Hans Jürgen Press: Futter für die Waldtiere. A. a. O. **S. 35** Es kommen sechs Propheten; Kommt, wir gehen nach Bethlehem. Aus: Unser Liederbuch Schalmei. Ernst Klett, Stuttgart 1980. **S. 36** Helene Hildebrandt: Der Wunschzettel (gekürzt). Originaltitel: Die Weihnachtszwerge. Aus: Maria Coppius, Weihnachtsspiele im Kindergarten. Teubner, Stuttgart 1938. **S. 38** Josef Guggenmos: Das Eselchen. Aus: Josef Guggenmos, Das kunterbunte Kinderbuch. Herder, Freiburg o. J. **S. 40** Es war eine Mutter (Volksgut). **S. 41** Christian Morgenstern: Die Enten laufen Schlittschuh. Aus: Christian Morgenstern, Kindergedichte. Ueberreuter, Wien o. J. **S. 41** Rätsel- und Scherzfragen (Volksgut). **S. 43** Kalenderseiten aus „Merky – mein erster Kalender". Ernst Klett, Stuttgart 1982. **S. 46** Elisabeth Borchers: Es kommt eine Zeit. Originaltitel: November. Aus: Elisabeth Borchers, Und oben schwimmt die Sonne davon. © 1965, Verlag Heinrich Ellermann, München 1965. **S. 47** Vom dicken, fetten Pfannkuchen. Nach Brüder Grimm. Originalbeitrag. **S. 48** Von dem Schneider und dem Elefanten. Nach Matthias Claudius. Originalbeitrag. **S. 49** Michail Krausnick: Der Wanderkuß. Quelle vergriffen, Rechte beim Autor. **S. 50** Hans Jürgen Press: Jakob und ein alter Bekannter. Aus: Hans Jürgen Press, Mein kleiner Freund Jakob. A. a. O. **S. 53** Die kleine Hex' (Volksgut). **S. 56** Kasper und der Uhrmacher. Aus: Spreche und schreibe ich richtig? A. a. O. **S. 58** Eine lustige Familie (Volksgut). **S. 58** Fotos: oben rechts: Albert-Schweitzer-Kinderdorf; unten links: B. Geiges, Bavaria; unten Mitte: J. Lindenburger; unten rechts: Bias/Ege, Bavaria. **S. 60** Sandras Mutter. Nach einer Idee von Hans Manz. **S. 67** Ich habe Zähne (Volksgut). **S. 67** Da haben wir den Löwenzahn. Grafik von Friedel Schmidt, Kinderbuchautor und -illustrator, wohnhaft in Berlin. **S. 74** Hans Jürgen Press: Jakob und sein Vergnügen. Aus: Hans Jürgen Press, Mein kleiner Freund Jakob. A. a. O. **S. 80** Auf der Mauer, auf der Lauer. Aus: Unser Liederbuch Schalmei. A. a. O. **S. 82/83** Plakat 100 Jahre Zirkus. Von Jörg Huber. **S. 82/83** Gina Ruck-Pauquèt: Der kleine Stationsvorsteher und der Zirkuszug (gekürzt). Aus: Gina Ruck-Pauquèt, Sandmännchen erzählt von seinen kleinen Freunden. Ravensburger Taschenbücher Bd. 71. Otto Maier Verlag, Ravensburg 1969. **S. 85** Brigitte Wächter: Fastnacht der Tiere. Aus: Der Lesespiegel 1. Ernst Klett, Stuttgart 1978. **S. 86** Wolfgang Metzger: Alphabetbild (Graphik). Aus: Fidibus. Kleines deutsches Wörterbuch 1/2. Ernst Klett, Stuttgart 1981. **S. 98** Die kleinen und die großen Fische. Nach einer Fabel von Äsop. Originalbeitrag.
Alle übrigen Texte in „Sprachfuchs" 2 sind Originalbeiträge.

Inhalt

Wir raten und reimen	Seite 4
Wir leben mit Tieren	Seite 10
Unterwegs im Verkehr	Seite 16
Der Körper kann …	Seite 22
Unser Klassenzimmer	Seite 28
Bald ist Weihnachten	Seite 34
Das Jahr und der Kalender	Seite 40
Winterzeit – Geschichtenzeit	Seite 46
Von der Zeit	Seite 52
Zu Hause	Seite 58
Was blüht denn da?	Seite 64
Fernsehzeit	Seite 70
Wir basteln und spielen	Seite 76
Zirkus, Zirkus	Seite 82
Rechtschreibkurs	Seite 86
Übersicht Sprachbetrachtung	Seite 107
Wörterliste	Seite 108

Rätselwörter

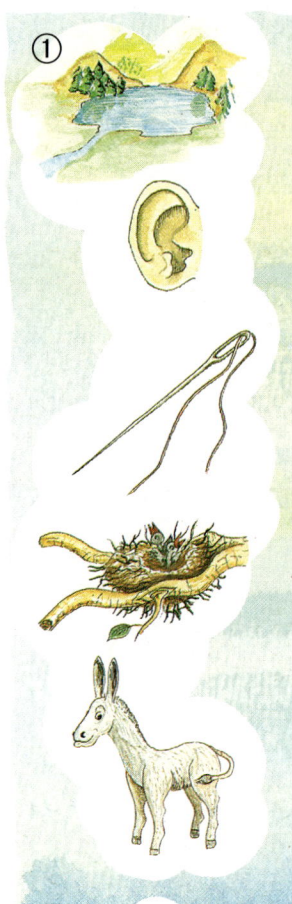

Wir raten und reimen

Nest See Ohr Esel Nadel

1. Schreibe untereinander, was du auf den Bildern siehst (① und ②).
2. Kreise die Anfangsbuchstaben farbig ein.
3. Lies die Anfangsbuchstaben hintereinander. Sie ergeben die beiden Lösungswörter.
4. Schreibe die Lösungswörter auf.
5. Male zu jedem Lösungswort ein Bild.

Ofen   Mann   Nase   Dorf

6. Erfinde auch ein Bilder-Wörter-Rätsel. Du kannst diese Wörter dazu nehmen: **S**piel, **T**isch, **N**ame, **E**rde, **R**ad, **E**nde.

Rätsel

Wir raten und reimen

Du siehst ihn stets bei Sonnenschein.
Am Mittag ist er kurz und klein,
und wächst bei Sonnenuntergang
und wird gar wie ein Baum so lang.

der Schatten

Was sind das für Sachen?

Vögel, die nicht singen,
Pferde, die nicht ☐,
Bären, die nicht brummen,
Bienen, die nicht ☐,
Mäuse, die nicht pfeifen,
Affen, die nicht ☐,
Kinder, die nicht lachen,
was sind das für ☐?

springen, Sachen, summen, keifen

1. Schreibe die Reimwortpaare auf:
   singen – springen, ...
2. Ein schöner Text: Lernst du ihn auswendig?

Er sieht aus wie eine Katze.
Er hat Haare wie eine Katze.
Er fängt Mäuse wie eine Katze
und ist doch keine Katze.

der Kater

Buchstaben zuordnen, ergänzen; zusammengesetzte Namenwörter

Wir raten und reimen

Wie heißen die Tiere?

Z _isch	V _aus	S _espe	G _iesel
F _iene	I _ogel	W _msel	E _ans
B _ebra	M _gel	A _torch	W _lefant

1. Schreibe die Namen der Tiere so auf:
   der Fisch, die Biene, das ...

Diesen Tieren fehlt etwas

Wesp_	Ig_l	Aff_	Adl_r
Ams_l	St_rch	F_sch	Bien_
Ent_	V_gel	Elef_nt	Z_bra

2. Welche Buchstaben fehlen?
   Schreibe die Wörter ins Heft:
   die Wespe, ...

Wundertiere

3. Tim hat sich einen Spaß gemacht und diese Tiere erfunden:
   Hasenhund, Eulengans, Schlangenmaus, Fischhahn, Katzenigel.
   Schreibe alle zehn Tiernamen auf.
4. Erfinde noch fünf Wundertiere.

Reimwörter; abschreiben; aufschreiben

Wir raten und reimen

Tier reimt sich auf vier

Tier, wer, geben, vier, der, leben, sagen, suchen, fragen, Kuchen, rot, kalt, Brot, alt

1. Lies die Wörter halblaut.
   Einige klingen ähnlich.
   Das sind Reimwörter.
2. Schreibe die Reimwörter auf:
   Tier – vier, …

Richtig abschreiben muß man lernen!

1. Schau das Wort genau an.
2. Sprich es leise vor dich hin, und merke es dir.
3. Schreibe es aus dem Gedächtnis auf.
4. Vergleiche dein Wort mit dem Wort im Buch. Alles richtig?

Reimwörter

Wind	machen	aus	fein	Ort
K__	l_____	M__	kl__	d__
s__	S_____	H__	d__	f__

3. Lies die Reimwörter.
4. Schreibe sie auf.
5. Unterstreiche die gleichen Wortteile:
   Wind   machen   …
   Kind   lachen
   sind   L…
6. Hier findest du weitere Wortteile.
   Suche passende Wörter.
   <u>and</u>: *Hand, …*
   <u>und</u>: *Mund, …*
   <u>all</u>: *Fall, …*

7. Abzählverse reimen sich immer.
   Einer hört so auf: … und du bist weg.
   Wie heißt er?
   Du kennst sicher noch andere Abzählverse.
   Probiert sie in der Klasse aus.

Reimgeschichten; abschreiben; aufschreiben

Wir raten und reimen

Kleine Reimgeschichten

1. Fisch, Hund, Wanne, Schuh, Mund, Tisch, Sonne, Kanne, Kuh, Mond:
   Fast alle Wörter zu den Bildern reimen sich.
   Schreibe sie auf:
   Fisch – Tisch, ...
2. Tina hat zu den Wörtern solche Sätze geschrieben:
   Die braune Kuh kauft einen Schuh.
   Wie heißt dein Satz mit Kuh und Schuh?
3. Schreibe mit den anderen Reimwörtern auch Sätze.

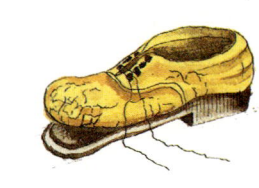

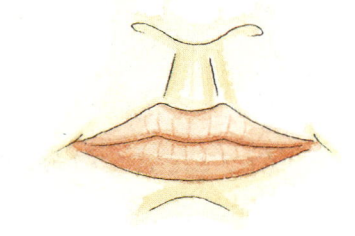

Eine Traumgeschichte

Tom hat gestern nacht geträumt
und dabei den Vers gereimt:
Die Kuh
kauft Schuh,
der Fisch
den Tisch.
Der Fisch ist nicht in seiner Wanne,
denn dort liegt ja schon die Kanne.
Dazu kommt jetzt noch der Hund,
sieht den Unsinn, hält den Mund.

4. Schreibe die Geschichte ab.
   Kreise die Reimwörter ein.
5. Versuche selbst, so zu reimen.
   Das Reimwortpaar steht immer am Satzende.

Silben

Wir raten und reimen

Silben klatschen

1. Sprich diese Wörter laut, und klatsche dazu:
   Ho - se, Ro - se, fra - gen, sa - gen, kau - fen,
   lau - fen, Haus - Maus, Sa - chen, la - chen.
2. Hörst du die Silben?

> Viele Wörter kann man in **Silben** aufteilen.
> Ich höre sie, wenn ich das Wort laut spreche und dazu klatsche.
> Auto hat zwei Silben:
> Au - to.

Ein Abzählvers

Eins, zwei, drei, vier, fünf, sechs, sieben,
eine alte Frau kocht Rüben,
eine alte Frau kocht Speck,
und du bist weg.

3. Klatsche die Silben zu diesem Vers.
4. Schreibe auf:
   Wörter mit einer Silbe: eins, ...
   Wörter mit zwei Silben: sie - ben, ...

Silbenrätsel

Schu-	le	Son-	ne	Re-	gen
Au-	to	Ki-	no	Him-	mel
Ho-	se	hel-	fen	la-	chen

5. Jedes Wort hat zwei Silben.
   Schreibe die Wörter so auf:
   Son - ne, Sonne; ...

Lustige Bandwurmwörter

Füllfederhalter
Füllfederhaltermäppchen
Füllfederhaltermäppchenreißverschluß

6. Wie viele Silben haben sie?
7. Bilde selbst Bandwurmwörter.

erzählen; Sätze bilden

Wir leben mit Tieren

Die Katze ...
Das Schwein ...
Die Ziege ...
Die Fische ...
Das Pferd ...
Die Kuh ...
Der Esel ...
Der Hund ...

Da lachen ja die Hühner!

1. Was ist auf dem Bild so lustig? Erzähle!
2. Diese Wörter fehlen auf dem Rand:
   raucht, liest, fährt Auto, sieht in den Spiegel, angelt, sitzt im Baum, schaukelt im Stuhl, fahren Rollschuh.
   Ordne zu. Schreibe die Sätze auf.
3. Schreibe auf, was die Tiere wirklich tun.

Sätze bilden; auswendig lernen; Namenwörter

Wir leben mit Tieren

Was machen die Tiere?

Der Esel trägt einen Mehlsack. Die Ameise schleppt eine tote Fliege. Die Amsel zieht einen Regenwurm aus dem Boden. Die Biene fliegt von Blume zu Blume. Der Igel trinkt Wasser. Der Hund zerrt an der Kette.

1. Aus dem Text soll eine Lügengeschichte werden. Tausche die Tiernamen aus. Schreibe so:
   Der Esel fliegt von Blume zu Blume.
   Die ...
2. Kreise jetzt die Anfangsbuchstaben der Tiernamen ein.

Tiere haben Namen:
Esel, Ameise, ...
Namenwörter schreiben wir mit **großen** Anfangsbuchstaben.

Und wenn das nicht die Wahrheit ist ...

Die Kuh, die saß im Schwalbennest
mit sieben jungen Ziegen.
Sie feierten ein großs Fest
und fingen an zu fliegen.
Der Esel zog sich Schuhe an,
ist übers Haus geflogen.
Und wenn das nicht die Wahrheit ist,
so ist es doch gelogen.

3. Lies das Lügengedicht. Lerne es auswendig.
4. Aber du weißt ja, was die Tiere wirklich tun. Diese Wörter helfen dir dabei:
   miaut, schwimmen, wiehert, meckert, bellt, frißt Gras, grunzt.
   Schreibe die Sätze für diese Tiere auf:
   Die Katze ...   Das Schwein ...
   Die Ziege ...   Die Fische ...
   Das Pferd ...   Die Kuh ...
   Der Hund ...

Lückentext ergänzen; Aussagesätze; erzählen; aufschreiben

Wir leben mit Tieren

beschützt
bellt
jault
springt
läutet
läuft

Simone erzählt von ihrem Hund

Wenn ein Fremder klingelt, ___ Pluto.
Pluto ___ laut, weil Markus Musik hört.
Sitze ich in meinem Zimmer und spiele,
___ er vor Freude um mich herum.
Beim Einkauf ___ er brav neben mir her.
Nachts ___ er unser Haus.

1. Lies und setze die richtigen Wörter ein.
2. Schreibe die Geschichte ab.

Jakob und der Hofhund

3. Erzähle die Geschichte.
4. Schreibe zu jedem Bild zwei Sätze.
   Benutze diese Wörter:
   *Am Abend – Taschenlampe –
   leuchtet an – Hund – bellt –
   Schattenbild – Wand –
   Riesenhund – bekommt Angst –
   läuft weg.*

Über Hunde kann man viele Geschichten erzählen

5. Erzähle deine Geschichte.
6. Schreibe deine Hundegeschichte auf.
   Diese Wörter können dir helfen:
   *Dackel Willibald, Herrchen, einkaufen,
   Küchentisch, Wursttüte, hinlegen,
   aus dem Zimmer gehen, herunterholen,
   zerreißen, Wurst, fressen.*

Wir erzählen mit **Aussagesätzen**.
Nach einem Aussagesatz steht ein **Punkt**:
Nachts bewacht Pluto unser Haus.

Einzahl, Mehrzahl

Wir leben mit Tieren

Die Sprache der Tiere

Der ____ kräht kikeriki.
Das ____ wiehert hi-h-hi.
Das ____ gackert ga-ga-ga.
Die ____ schnattert nat-nat-nat.
Der ____ bellt wau-wau-wau.
Die ____ schreit miau-miau.
Die ____ brüllt muh-muh-muh.
Das ____ grunzt nuff-nuff-nuff.

Diese Wörter fehlen:
Hund, Katze, Pferd, Ente,
Huhn, Hahn, Schwein, Kuh.

1. Lies die Sätze so,
   daß man die Tiere gut hört.
2. Schreibe die Sätze auf.
3. Schreibe diese Namenwörter
   in der Einzahl
   und in der Mehrzahl auf:
   Affe, Ameise, Biene, Bär, Löwe, Pferd, Katze, Eule, Schwein –
   Eulen, Schweine, Affen, Bienen, Pferde, Bären, Löwen, Katzen, Ameisen.
   So: *der Affe – die Affen, ...*
4. Ordne auch diese Wörter:
   Fuchs, Vogel, Frosch, Floh, Gans, Huhn, Hahn, Kuh –
   Vögel, Flöhe, Kühe, Hähne, Hühner, Füchse, Gänse, Frösche.
   Schreibe so: *der Fuchs – die Füchse, ...*
5. Suche dir aus der Wörterliste (Seite 108–111)
   noch zehn andere Namenwörter heraus.
   Schreibe sie in der Einzahl und in der Mehrzahl
   auf.

Namenwörter gibt es in
der **Einzahl**: *das Tier*
und in der **Mehrzahl**:
die Tiere.

Selbstlaute; Umlaute; Verkleinerungsformen

Wir leben mit Tieren

-chen und -lein machen alles klein

Köpfchen, Hälschen, Öhrchen, Zähnchen, Pfötchen, Schwänzchen, Züngchen: Bei den Tierkindern ist alles kleiner als bei den großen Tieren. Der Kopf ist ein Köpfchen. Der Hals …
Das Ohr …   Der Zahn …   Die Pfote …
Der Schwanz …   Die Zunge …

1. Stelle gegenüber: der Kopf – das …
2. Schreibe ab. Kreise die Selbstlaute blau ein:
   der K(o)pf – der H(a)ls, …
3. Schreibe ab. Kreise die Umlaute gelb ein:
   das K(ö)pfchen, …
   Merke:
   Aus a wurde …
   Aus o wurde …
   Aus u wurde …
4. Verwende -lein: *das Köpflein, das …*
   Kreise die Umlaute gelb ein.

A, e, i, o, u sind **Selbstlaute**.
Ä, ö, ü sind **Umlaute**.

So ist es im Zwergenland

Der Vogel wird dort zum Vögelein.
Ein Hund wird zum Hündchen.
Der Mund, der wird zum Mündchen.
Aus Schnabel wird ein …   Aus Gabel wird ein …
Aus Hand …   Aus Arm …   Aus Tafel …

5. Schreibe die Sätze auf.
6. Rahme -chen und -lein ein.
7. Kreise die Selbstlaute blau ein: Der V(o)gel …
   Kreise die Umlaute gelb ein: … zum V(ö)gelein.
8. Suche in der Wörterliste (S. 108-111) noch fünf Namenwörter für -chen oder -lein.

Mitlaute; Alphabet

Wir leben mit Tieren

Rätsel

Ein Tier, das mit B anfängt und brummt, ist ein …
Ein Tier, das mit V anfängt und piepst, …
Ein Tier, das mit K anfängt und miaut, …
Ein Tier, das mit H anfängt und bellt, …

1. Katze, Hund, Bär, Vogel: Löse die Rätsel, und schreibe die Sätze auf.

Wo stehen die Buchstaben im Abc?

2. Schreibe das Abc von S. 87 ab: $\mathcal{A}, \mathcal{B}, …$
3. Unterstreiche die Mitlaute im Abc.
4. Ordne diese Buchstaben nach dem Abc:

   M R O N K P Q L

5. Bestimme Vorgänger und Nachfolger:
   _B_ - $\mathcal{ABC}$;
   _E_,   _M_,   _S_,   _U_,   _W_
6. Schreibe noch zehn Buchstaben auf. Dein Nachbar bestimmt die Vorgänger und die Nachfolger.

> A, e, i, o, u sind **Selbstlaute**.
> **Alle anderen** Buchstaben des Alphabets sind **Mitlaute**.

Wörter ordnen nach dem Abc

Der [F]uchs kommt vor dem [L]öwen.

7. Ordne immer vier Wörter nach dem Abc.
   Haustiere: [K]atze, [E]sel, [H]und, [S]chwein
   [Z]iege, [L]amm, [K]uh, [P]ferd
   andere Tiere: [I]gel, [F]uchs, [H]ase, [A]msel
   [L]öwe, [R]abe, [F]isch, [B]är

   Ein guter Tip: Wörter aufschreiben, ausschneiden, nach dem Abc ordnen und abschreiben.

der **F**uchs

der **H**ase

der **I**gel

das **K**amel

der **L**öwe

Informationen entnehmen, austauschen

Unterwegs im Verkehr

In diese Schule gehen Tim und Tina.

Hauptstraße

Hallenbad

Torstraße

Marktstraße

Bachstraße

Bäckerei

BANK

Rathausstr.

Baumgasse

Kleiststraße

Weinstraße

Rathaus

Café

In diesem Haus wohnen Tim und Tina.

16

erzählen; Namen; Aussagesätze

Unterwegs im Verkehr

Der Weg zur Schule

1. Wie viele Zebrastreifen benutzen Tim und Tina auf ihrem Weg zur Schule?
2. Wie heißen die Straßen, auf denen sie zur Schule gehen?
3. Kirche, Hallenbad, Rathaus, Bäckerei, Hotel, Kino: An welchen Gebäuden kommen sie vorbei? An welchen Gebäuden kommen sie nicht vorbei?
4. Ordne die Wörter auf dem Rand. Schreibe Aussagesätze auf:
   Tim und Tina verlassen das Haus.
   Bei ...
5. Wie gehen sie weiter? Schreibe eigene Aussagesätze auf.
6. Andere Kinder kommen mit dem Bus. Beschreibe: Wie gehen sie von der Bushaltestelle zur Schule?
7. Beschreibe den anderen deinen Schulweg. Wo mußt du besonders gut aufpassen?

> Wir erzählen oder berichten in Aussagesätzen:
> Tim und Tina verlassen das Haus.
> Nach einem Aussagesatz steht ein Punkt.

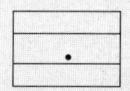

Tim – Tina – das Haus – verlassen
Bei – die Weinstraße – der Kirche – überqueren – sie
Sie – den Zebrastreifen – benutzen
Sie – vorbei – am Rathaus – über – gehen – die Rathausstraße

Der Schulweg ist spannend

Jeden Tag erleben Susi und Tom andere Dinge auf ihrem Schulweg. Sie holen ihren Freund Stefan ab und kommen dann an einer Baustelle vorbei ...

Tina hat einmal einen sehr schönen Gegenstand fürs Klassenzimmer gefunden ...

Neulich ist Anja aber ganz schön erschrocken ...

8. Was haben die Kinder wohl erlebt?
9. Erzähle deine spannende Schulweggeschichte.

> Menschen haben Namen.
> **Namen** schreiben wir mit **großen** Anfangsbuchstaben:
> *Tim und Tina, ...*

erzählen; auswendig lernen; aufschreiben

Unterwegs im Verkehr

An der Ampel

1. Was passiert auf dem ersten Bild? Erzähle.
   Rotes Licht heißt:
   bleibe stehen!
   Keinen Schritt mehr weitergehen!
   Grünes Licht heißt:
   du kannst gehen,
   trotzdem nach den Autos sehen!
2. Lerne diesen Vers auswendig.
   Schreibe ihn auf.

Am Zebrastreifen

Schau links, schau rechts,
geh geradeaus,
dann kommst du sicher gut nach Haus!

3. Stimmt das auch bei breiten Straßen?
4. Einer von euch spielt vor, wie er sich am Zebrastreifen verhält.
   Zuerst zeigt er, wo links und rechts ist.
5. Schreibe den Vers auf.

🦉 **Welcher Weg ist besser geschützt? Entscheide!**

Zebrastreifen benutzen
Fahrbahn einfach so überqueren
Ampelübergang benutzen
Überführung oder Unterführung benutzen

6. Schreibe auf:
   Ich benutze die Überführung oder die …
   Ich benutze …
   …

erzählen; darstellendes Spiel; Gespräche führen

Unterwegs im Verkehr

1. Fünfmal ist etwas falsch und gefährlich. Was? Warum?
2. Erzähle, wie du eine Gefahr auf der Straße erlebt oder beobachtet hast.
3. Tina ist auf der Straße Rollschuh gelaufen. Ihre Eltern haben es gesehen. Spielt das Gespräch.
4. Es gibt für Kinder gefährliche und weniger gefährliche Stellen auf Straßen und Wegen. Was bedeuten die Verkehrszeichen auf dem Rand?
5. Wo ist es gefährlich oder ungefährlich zu spielen? Ordne: Gehweg, Fahrbahn, Parkplatz, Einfahrt, Spielstraße, Spielplatz, Hof, Wiese, Sportplatz, Schulhof, Kreuzung, Bushaltestelle.
6. Schreibe Sätze auf:
   Auf dem Hof darf ich spielen.
   Es ist nicht gefährlich.
7. Günter wohnt erst seit kurzem in der Stadt. Erkläre ihm, wo er ohne Gefahr spielen kann.

Sätze zuordnen; darstellendes Spiel; Verständigung mit Zeichen

Unterwegs im Verkehr

Sprechen und verstehen ohne Worte

1. *Welche Sätze passen zu den Fotos?*
   Ich weiß nicht!
   Ich will über die Straße!
   Ja!
   Langsam!
   Komm bitte mal her!
   Nein!
   Schau dort oben!
   Schon wieder zu spät!
2. *Zu jedem Bild läßt sich eine kleine Geschichte erzählen.*
3. *Verkehrspolizisten geben Handzeichen. Welche kennt ihr?*
4. *Was bedeuten folgende Zeichen? Kannst du sie vorspielen und erklären?*

   (mit dem Kopf schütteln)
   (nicken)
   (sich die Nase zuhalten)
   (in die Hände klatschen)
   (sich die Ohren zuhalten)

5. *Überlegt euch eine kleine Verkehrsgeschichte. Spielt die Geschichte ohne Worte vor.*

Eine ganze Geschichte ohne Worte

Ute möchte mit Tim spielen. Sie steht auf der einen Straßenseite, Tim steht auf der anderen. Die Autos machen solch einen Lärm, daß die Kinder nichts verstehen.

6. *Spielt auch diese Geschichte.*

Namenwörter; Großschreibung; Alphabet; Wörterbuch

Unterwegs im Verkehr

Was meint Anna?

Anna spricht mit ihrer Mutter: Mutti, meine Freunde haben alle schon lange ein ▭. Und wenn wir jetzt umziehen, wohnen wir so weit weg von der Schule. Und deshalb möchte ich auch ein ▭. Wann schenkt ihr mir ein ▭?

1. *Findest du heraus, was gemeint ist?*
2. *Schreibe den Text mit dem gesuchten Wort auf.*
3. *Für Dinge im Verkehr gibt es viele Namenwörter: Auto, Fahrrad, Weg, Wagen, Straße, Ampel, …*
4. *Schreibe die Namenwörter auf. Suche noch sechs Namenwörter aus dem Verkehr dazu. Kreise die großen Anfangsbuchstaben bei jedem Namenwort ein.*

Dinge haben Namen. **Namenwörter** schreiben wir **groß**: Auto, Fahrrad, …

Ein Spiel mit Namenwörtern

Die Klasse 2 spielt im Kreis das Namenwortspiel.
Frank flüstert ganz leise das Abc.
Marion sagt: Halt! Frank nennt den Buchstaben.

5. *Wer weiß am schnellsten ein Namenwort dazu? Wer dieses Wort nennt, darf als nächster das Abc flüstern.*

Dein erstes Wörterbuch

Du brauchst dazu kleine Kärtchen, Malstifte, Bindfaden. Und so wird es gemacht:

6. *Suche ein Namenwort auf den ersten Seiten dieses Buches aus. Male ein Bild dazu. Schreibe das Namenwort darunter. Wenn du viele Karten gesammelt hast, ordnest du sie nach dem Abc, lochst sie und bindest sie zusammen.*

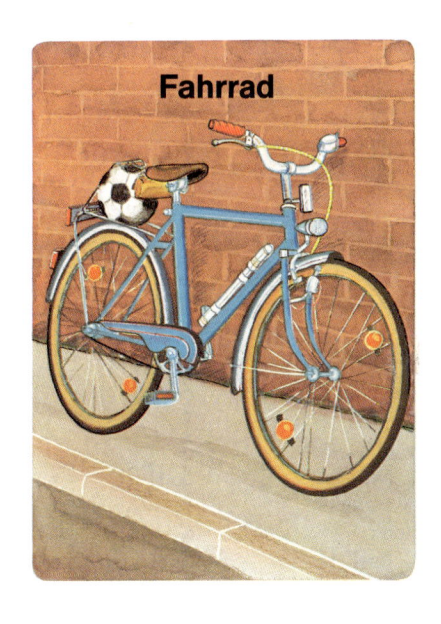

Fahrrad

zuordnen; darstellendes Spiel

Der Körper kann ...

Carolin Stefan Patrick

Gudrun Martin Axel

Jana Nicola

1. Welches Bild paßt zu welchem Kind?
   Der Baum paßt zu Gudrun. Das ...
2. Kannst du auch diese Namenwörter spielen:
   Blume, Bank, Ball?
3. Hast du noch andere Ideen?

darstellendes Spiel; Zeitwörter; Sätze

Der Körper kann …

Ein Ratespiel

Was man tut, kann man besonders
gut spielen:
sägen, essen, weinen, streicheln, lesen,
jemanden begrüßen, trinken, Fahrrad fahren,
schreiben, boxen, schlafen, sich waschen.

1. Wer als erster richtig rät, darf als nächster etwas
   vorspielen.

Was kann deine Hand alles?

2. Stelle ein Plakat her: In die Mitte malst du deine
   Hand. Schreibe dazu, was die Hand alles tut.
   Diese Zeitwörter helfen dir dabei:
   *winken, bauen, malen, kämmen, greifen,
   waschen, schreiben, lenken, streicheln,
   anziehen, halten, häkeln, boxen, tragen.*
3. Die Hand kann viel mehr. Suche sechs Zeitwörter,
   die noch zur Hand passen. Schreibe sie auf.

4. Das Kind …
   Der Hund …
   Die Blume …
   bellen, spielen, blühen.
   Schreibe Sätze mit den Wörtern auf:
   Das Kind spielt. …
5. Unterstreiche in deinen Sätzen die Namenwörter
   grün, die Zeitwörter rot.

Zeitwörter sagen,
was Menschen, Tiere,
Pflanzen oder Dinge **tun**.

Sätze zuordnen; Handlungsablauf; Entschuldigung

Der Körper kann …

Martin ist krank

Als Martin einmal krank war, malte er drei Bilder und schrieb zu jedem Bild etwas:

Ⓐ *Gleich am ersten Tag kam der Arzt.*
Er fühlte den Puls.
Er hörte Brust und Rücken ab.
Ich hatte Masern.

Ⓑ *Ich mußte Tropfen und Tabletten einnehmen.*

Ⓒ *Bald ging es mir etwas besser.*
Ich habe Tiere für einen Zoo gebastelt.

1. Welcher Text paßt zu welchem Bild?
2. Ordne jedem Bild den richtigen Text zu.
   Erzähle die Geschichte, und schreibe sie auf.
3. Als ich einmal krank war.
   Male eine Geschichte mit vier Bildern.
   Erzähle.

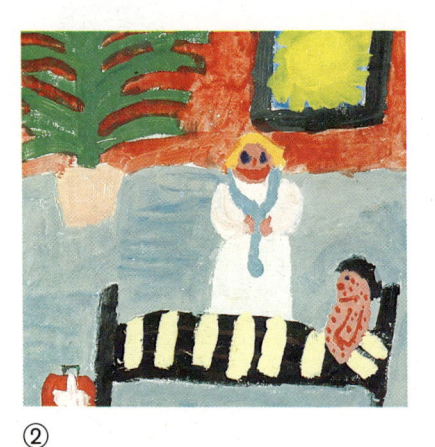

① ② ③

Dr. Moser untersucht Erika

Dr. Moser geht gleich in Erikas Zimmer.
Er untersucht die Ohren.
Er guckt ihr in den …   *Rezept*
Er klopft den … ab.   *Hals*
Er schreibt das …   *Rücken*
Dann kommt er wieder heraus und sagt: Nicht so schlimm, morgen geht es ihr schon besser.

4. Schreibe auf, was Dr. Moser tut.

Fragesätze; Aussagesätze

Der Körper kann ...

Stefan fragt viel

Sabine kommt vom Zahnarzt. Ihr Bruder fragt:
Hast du lange warten müssen? Hat er gebohrt?
Hat es wehgetan? Wann mußt du wieder hin?
Warum lachst du?
Hier sind Sabines Antworten:
Weil du soviel fragst.
In einem halben Jahr.
Fast eine Stunde.
Ja, aber nicht lange.
Nein, er war sehr vorsichtig.

> Wir wollen etwas wissen.
> Wir fragen mit **Fragesätzen**.
> Nach einem Fragesatz steht ein **Fragezeichen**.
> ?

1. *Wie passen die Fragen und Antworten zusammen?*
   Schreibe so auf:
   Stefan: Hast du lange warten müssen?
   Sabine: Fast eine ...
2. *Schreibe vier Fragen mit diesen Wörtern auf:*
   Spange bekommen, Löcher in den Zähnen, Zahnfleisch blutet, dreimal täglich Zähne geputzt.
   Beginne jede Frage mit: Hast du ...
   Hast du auch die Fragezeichen nicht vergessen?
3. *Schreibe fünf weitere Fragesätze auf.*

Fragezeichen oder Punkt?

Sabine sitzt beim Zahnarzt im Wartezimmer☐ Sie fragt die Helferin: Komme ich bald dran☐ Die Helferin antwortet: Wartest du schon lange☐ Du mußt noch etwas Geduld haben☐ Sabine meint: Aber um vier Uhr muß ich in der Musikschule sein☐ Reicht mir das noch☐

4. *Schreibe den Text ab. Setze die fehlenden Fragezeichen (3) und Punkte (2) ein.*

Gesprächsregeln; Aufforderungssätze; Fragesätze

Der Körper kann …

> Jemand soll etwas tun.
> Wir fordern ihn dazu auf:
> Sei bitte still!
> Solche Sätze nennen wir
> **Aufforderungssätze**. Sie
> haben ein **Ausrufezeichen**.
>
> !

Im Unterricht

In der Klasse sind viele Kinder zusammen. Es kann nicht jeder immer tun, was er gern möchte. Warum?
Kinder müssen in der Schule:
still sein, aufpassen, Blätter einordnen, mitlesen, aufschreiben, ausrechnen, gerade sitzen, …

1. Was sonst noch?
2. Die Lehrerin fordert die Kinder auf:
   Seid bitte still!
   Paßt bitte auf!
   Ordnet die Blätter bitte ein!
   Schreibe alle Sätze so auf.
   Vergiß die Ausrufezeichen nicht.
   Benutze die Wortpaare vom Randstreifen.

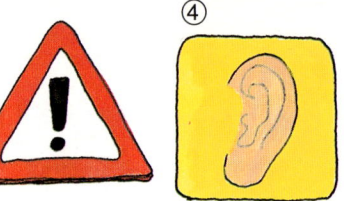

still sein	– seid still
aufpassen	– paßt auf
einordnen	– ordnet ein
mitlesen	– lest mit
aufschreiben	– schreibt auf
ausrechnen	– rechnet aus
sitzen	– sitzt

Auch Bilder fordern auf

Bildet bitte rasch einen Sitzkreis!
Hört bitte genau zu!
Seid bitte leise!
Paßt genau auf!
Sagt es leise weiter!
Schaut im Buch nach!

3. Ordne die Sätze den Bildern zu.
   Schreibe die Aufforderungssätze auf.
   Bild 1: Sagt es leise weiter!
   Bild 2: …
   …

4. Zeichne vier weitere Aufforderungsbilder.
   Schreibe darunter, was sie bedeuten.

deutlich sprechen; b/p; d/t; Wörterdiktat

Der Körper kann …

Wörter mit B/b oder P/p

Ball, paßt, Berg, packen, bin, Preis, Blatt, Pause, bellen, Paket, Buch, Punkt, böse, Post

1. Lies die Wörter deutlich.
2. Schreibe so: *Wörter mit B/b …*
   Wörter mit P/p …
   Denke an die Abschreibregel.
   Vergessen? Schaue auf der Seite 7 nach.
3. Kreise **B** und **b** ein: *Ball, …*
4. Rahme **P** und **p** ein: *paßt, …*
5. Suche aus der Wörterliste (S. 108-111) je vier Wörter mit **B/b**; **P/p**. Schreibe sie auf.
6. Bilde kurze Sätze: *Der Ball rollt. …*

Wörter mit D/d oder T/t

Dorf, Tor, da, Tafel, dann, Tag, dem, Teller, das, Tante, der, Tee, die, Tier, du, Tür

7. Lies die Wörter deutlich.
8. Schreibe so: *Wörter mit D/d …*
   Wörter mit T/t …
9. Kreise **D** und **d** ein: *Dorf, …*
10. Rahme **T** und **t** ein: *Tor, …*
11. Suche aus der Wörterliste (S. 108–111) je vier Wörter mit **D/d** und **T/t**. Schreibe sie auf.
12. Bilde kurze Sätze: *Das Dorf ist klein. …*

Welche Buchstaben fehlen?

b/p oder **B/P**: -aßt, -in, -ost, -reis, -uch, -erg, -ellen, -ause

d/t oder **D/T**: -afel, -ann, -ag, -ie, -as, -ier, -er, -eil

13. Schreibe die Wörter vollständig auf.

Brich dir nicht die Zunge

In der Frühe fischten Fischer Fische.

Die Katze tritt die Treppe krumm.

Blaukraut bleibt Blaukraut, Brautkleid bleibt Brautkleid.

Drei Teetonnen, drei Trantonnen.

Was passiert?

14. Halte ein Blatt Papier vor den Mund.
    Beobachte das Blatt, wenn du b und p, d und t sagst.
15. Erfinde lustige Wörter mit **b, p, d, t**.
    Sprich deutlich: Bananenbrei, papperlapapp, …

erzählen; begründen; zuordnen

Unser Klassenzimmer

1. Welches Zimmer gefällt dir besser? Warum?
2. Male dein Wunsch-Klassenzimmer.
   Gib den Gegenständen Namen. Schreibe die Wörter daneben. Diese Wörter helfen dir:
   Bilder, Bilderbücher, Handpuppen, Spiele, Blumen, Kalender, Aquarium, ...

Absprachen treffen; Sätze bilden; kurze Texte schreiben

Unser Klassenzimmer

Die Leseecke

Die Klasse 2a hat eine Leseecke mit kleinen Heften und spannenden Büchern. Es gibt dort auch Domino, Memory und Rechenspiele.

1. Was soll es in eurer Leseecke geben?
2. Alle Kinder wollen die Leseecke benutzen. Macht Vorschläge, welche Regeln deshalb gelten sollen.

Die Kleiderkiste

Verkleiden macht Spaß. Wir spielen kleine Geschichten und Stücke. Ein Hut, ein Bart und eine Jacke genügen, schon ist aus Julia ein Vater geworden.

3. Überlege, wie du dich verkleiden willst.
4. Schreibe so:
   Wir verkleiden uns.
   Armin verkleidet sich als Prinzessin.
   Er sucht in der Kleiderkiste dafür ...
   Petra verkleidet sich als Räuber.
   Sie sucht ...

Unsere Ausstellung

An einer Wand steht ein Tisch, auf dem wir unsere Arbeiten und andere Sachen ausstellen. Jede Woche zeigen wir etwas anderes. Einmal sind es Zweige von Bäumen mit Namenschildchen, ein anderes Mal Kieselsteine oder ...

5. Unsere Ausstellung: Jede Woche stellen wir etwas aus. Diesmal zeigen wir ...

Namenwörter; bestimmte Begleiter; nachschlagen

Unser Klassenzimmer

der? die? das?

Kind
Auge
Frau
Bild
Fehler
Freund
Licht
Fuß

Glas
Mädchen
Schule
Kuchen
Papier
Platz
Wagen
Tür
Wiese
Uhr

Spiel
Weg
Zimmer
Woche
Stunde
Lehrer
Luft

Namenwörter können Begleiter haben:
der, die, das
sind **bestimmte Begleiter**.

Namenwörter kann man leicht erkennen

Die Kinder schreiben im Unterricht auf, was ihnen die Lehrerin diktiert.
Tim fragt:
Schreibt man Tisch vorne mit großem oder kleinem T?
Tina lacht:
Das erkennt man doch sofort, wenn ein Begleiter zum Wort paßt: **der** Tisch ...

1. Ordne die Wörter auf dem Randstreifen.
   Die Wörterliste hilft dir, den richtigen Begleiter zu finden. Schreibe so:
   der Fehler, der ...
   die Frau, ...
   das Kind, ...
2. Schreibe weitere Namenwörter mit ihren Begleitern auf.
3. Suche fünf Namenwörter, und schreibe sie auf.
   Jetzt gibst du deinem Partner das Heft.
   Er darf die richtigen Begleiter aufschreiben.
   Nun wird umgekehrt gespielt.

Welches Wort paßt nicht?

Schule, Stuhl, Brot, gehen, Mädchen
Bus, Farbe, Buch, Tisch, laufen
Kreide, essen, Junge, Bild, Hand

4. In jeder Reihe paßt ein Wort nicht zu den anderen. Welches?
5. Schreibe die Namenwörter mit ihren Begleitern auf.
6. Bilde von jedem Namenwort die Mehrzahl. Vergiß die Begleiter nicht. Schreibe so:
   der Stuhl – die Stühle, das Brot – ...

bestimmte, unbestimmte Begleiter; Lückentext ergänzen

Unser Klassenzimmer

In der Pause

Die Glocke läutet, die Pause beginnt. Auf dem Schulhof essen viele Kinder ein Brot, einen Apfel oder eine Banane und erzählen sich etwas. Andere nehmen ein Springseil oder spielen mit einem Klassenkameraden. Was machst du?

1. Lies den Text, und schreibe ihn ab.
2. Suche die bestimmten Begleiter. Kreise sie ein.
3. Es gibt auch unbestimmte Begleiter: eine Pause, eine Glocke, ein Schulhof, … Wann sagt man „die Pause", wann sagt man „eine Pause"? Sprecht darüber. Am besten bildet ihr Beispielsätze.
4. Stunde, Tisch, Bild, Brief, Arm, Schule, Spiel, Papier, Tür, Freund, Licht, Zimmer, Blume, Kopf, Tafel: Ordne die Namenwörter.
   (der) ein Tisch, ein …
   (die) eine Stunde, eine …
   (das) ein Bild, ein …

> Auch **ein, eine,** … sind Begleiter.
> Sie heißen **unbestimmte Begleiter.**

Murkel in __ Schule

Heute bringt Steffi __ kleinen Hund mit in __ Schule. __ Hund heißt Murkel. __ Kinder wollen alle gern mit __ Hund spielen. Aber Murkel rennt lieber durch __ ganze Klasse. Zu Hause schreibt jeder __ kleine Geschichte über __ Tier, das er kennt.

5. Hier fehlen die Begleiter: Schreibe den Text mit den bestimmten und den unbestimmten Begleitern auf.

Zeitwörter; Wortstämme, Endungen

Unser Klassenzimmer

Lernen und …

schreiben, malen, lernen, basteln, spielen, turnen, zeigen, lachen, singen, tanzen, hören, stricken, falten, kleben

1. Das tut Tina gern:
   stricken, turnen, lernen, lachen, basteln.
   Schreibe die Sätze auf:
   Tina strickt gern. Sie …

2. Das tut Tim gern:
   spielen, schreiben, singen, tanzen.
   Schreibe die Sätze auf.

3. Schreibe auf, was du besonders gern machst:
   Ich male gern. Ich …

4. Schreibe so:
   ich lache, du lachst, er lacht, …
   turnen, malen, basteln, spielen

5. Schreibe untereinander:
   *ich lache, ich turne, ich singe
   du lachst, du … , …
   er lacht, … , …*
   Suche dir noch fünf Zeitwörter aus Aufgabe 2.

6. Diese Zeitwörter kommen in der Schule oft vor:
   antwortet, arbeitest, bekommen, bittet, brauchst, dankst, dürfen, erzählen, fragt, gehst, kommt, lachen, verstehst.
   Schreibe ab.
   Wortstämme: rot einkreisen,
   Endungen: rot einrahmen.

7. Hier wird es schwierig:
   lesen – liest, essen – ißt, sprechen – spricht, halten – hält, fallen – fällt, lassen – läßt, können – kann, mögen – mag, wollen – will.
   Schreibe so:
   Anja liest ein Buch, Peter ißt …

> Zeitwörter haben einen Wortstamm, z. B. (schreib), (mal), (lern), (bastel), …, und eine Wortendung: [e], [st], [en], [t].

8. Suche 15 Zeitwörter aus der Wörterliste (S. 108-111) heraus.
   Schreibe die Zeitwörter ab, kreise die Wortstämme rot ein.

Artikulation; w, f

Unser Klassenzimmer

F-f-F-f

Fehler, Fahrrad, fahren, Feuer, fallen, Frau, finden, fangen, Freundin, fragen, Fisch, fehlen, Familie, finden, Freitag, fliegen, Fuß, falsch, fest, fünf

1. Lies die Wörter deutlich vor.
2. Schreibe die Namenwörter mit Begleitern auf: *der Fehler, das ...*
3. Schreibe die Zeitwörter auf: *fahren, ...*
4. Schreibe die übrigen Wörter auf: *falsch, ...*
5. Suche in der Wörterliste (S. 108-111) weitere fünf Wörter mit **F/f** am Wortanfang.

W-w-W-w

Wagen, warten, Wiese, werden, Wohnung, werfen, war, wem, wird, Wald, weinen, Wasser, wohnen, Weg, wollen, Woche, warm, wenn, wieder, Wand, Welt

6. Lies die Wörter deutlich vor.
7. Schreibe die Namenwörter mit Begleitern auf: *der Wagen, die ...*
8. Schreibe die übrigen Wörter auf: *warten ...*
9. Suche in der Wörterliste noch fünf Wörter mit **W/w** am Wortanfang.

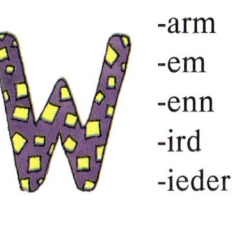

Ordnung schaffen

10. Vervollständige die Wörter vom Randstreifen. Sprich sie deutlich vor.
11. Trage die Wörter in eine Tabelle ein:

f/F	w/W
fahren	*war*
...	...

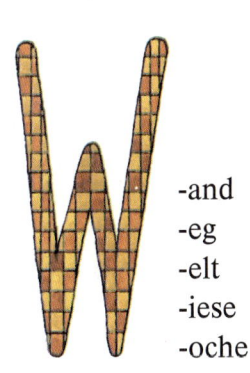

f
-ahren
-allen
-est
-ragen
-inden
-ünf
-alsch

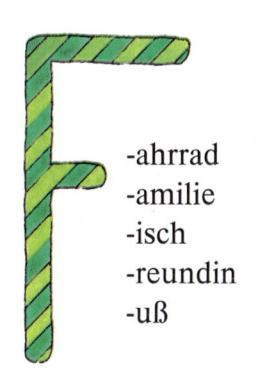

F
-ahrrad
-amilie
-isch
-reundin
-uß

W
-ar
-arm
-em
-enn
-ird
-ieder

W
-and
-eg
-elt
-iese
-oche

33

erzählen, zu einer Bildfolge schreiben

Bald ist Weihnachten

① Es liegt viel Schnee.
Jakob und Flocki stapfen in den Wald. Sie bringen den Tieren Futter.

② Jakob legt ein Bündel Heu in die Futterstelle.

③ Nun wollen sie nach Hause gehen.
Plötzlich sehen sie zwei Rentiere.

1. Lies die ① bis ③ Geschichte vor.
2. Erzähle, was auf dem 4. Bild geschieht.
3. Schreibe den Schluß der Geschichte auf.
   Du kannst diese Wörter benutzen:
   sich umdrehen, zuschauen, Schlitten, Nikolaus, Geschenke, fressen.
4. Erzählt, was ihr vom Nikolaus wißt.
5. Wie erlebt ihr den 6. Dezember?
   Steht ein Schuh vor der Tür oder...?
6. Male einen Nikolaus.

darstellendes Spiel; Einladung schreiben

Bald ist Weihnachten

1. Komm, wir gehn nach Beth-le-hem, dideldudel dideldudel dideldudeldei!

1.–5. Je-su-lein, Her-re mein, wie-gen wollen wir dich gar fein.

2. Hansel, blas die Flöte du, …
3. Seppl, spiel den Dudelsack, …
4. Und du Görgel, streich die Fiedel, …
5. Christoph, laß den Baß erklingen, …

1. Hansel, blas die Flöte du,
   düdeldidel düdeldidel düdeldidelei …
   Wie klingt der Dudelsack, wie die Fidel,
   wie der Baß?
   Schreibt die Verse auf, und singt sie.
   Lest die Verse vor, und singt sie.
2. Ihr könnt eigene Verse dichten.
   Tauscht einfach die Namen aus:
   Thomas, blas die Flöte du …
3. Dichte weiter:
   Kathrin, spiel Klavier dazu …

A *Liebe Eltern! Wir laden Euch zu unserem Weihnachtsspiel „In Bethlehem in jener Nacht" am 14. Dezember ein.*

B *Wir laden Euch ein, zu unserem Weihnachtsspiel zu kommen. Es beginnt um 15 Uhr. Viele Grüße! Die Klasse 2b*

Das Weihnachtsspiel

Die Kinder der Klasse 2 wollen im Musiksaal das kleine Weihnachtsspiel „In Bethlehem in jener Nacht" aufführen. Die Kinder laden ihre Eltern dazu ein.

4. Was fehlt bei Einladung **A**?
5. Was fehlt bei Einladung **B**?
6. Die Klasse 2 möchte das Spiel auch anderen Klassen an der Schule zeigen.
   Schreibe eine Einladung an eine andere Klasse.
7. Ihr wollt euren Eltern ein Weihnachtsspiel zeigen.
   Schreibe eine Einladung an deine Eltern.

> In einer **Einladung** sollte stehen:
> **Wer** wird eingeladen?
> **Was** wird gemacht?
> **Wann** soll man kommen?
> **Wohin** soll man kommen?
> **Wer** lädt ein?

erzählen; Wunschzettel schreiben

Bald ist Weihnachten

Der Wunschzettel

Ei, da kommen aus dem Berge
lauter kleine Weihnachtszwerge,
laufen leise, tipp, tipp, tapp
eilig nun den Weg hinab.
Gucken durch die Fensterlein
nach den Kindern groß und klein,
horchen an den Türen still,
was das Kind wohl wünschen will.
…
        Helene Hildebrandt

Die Zwerge bekommen viele Wunschzettel:
Ski, Schlittschuh, Schlitten, Bücher, Baukasten,
Cassetten, Würfelspiel, Haustier, Trommel, Flöte,
Marzipan, Schokolade, Apfelsinen, Uhr, …

1. Erzähle von deinen Wünschen.
2. Es gibt auch solche Wünsche: Freunde finden, sich nicht streiten wollen, gesund bleiben, … Erzähle darüber.
3. Schreibe deinen Wunschzettel.
4. Tina hat ihren Wunschzettel aufgeschrieben. Wie gefällt er dir?

Das Schmuckblatt, ein schönes Geschenk!

Ihr sucht euch ein Gedicht aus. Das schreibt ihr in Schönschrift auf ein großes Blatt. Dann bemalt ihr das Blatt. Das Gedicht könnt ihr auch auswendig lernen und aufsagen.

Wunschzettel
Lieber Weihnachtsmann,
ich wünsche mir
ein Buch über Tiere
eine Cassette von Benjamin Blümchen
einen Hasen
Wolle zum Stricken
Ski
und
ein Setzregal
      Tina

Bastelanleitung schreiben

Bald ist Weihnachten

Ein Lesezeichen und ein Teedosenlicht

Das brauchst du dazu:

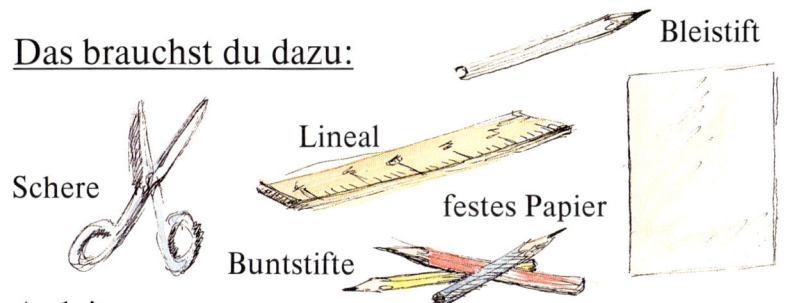

Schere, Lineal, Bleistift, Buntstifte, festes Papier

Anleitung:
Du zeichnest ein Rechteck auf festes Papier. Es soll 15 cm lang und 6 cm breit sein. Dieses Rechteck schneidest du aus. Dann schneidest du die zwei Ecken ab. Zum Schluß malst du das Lesezeichen bunt an.

1. Was brauchst du alles für ein Lesezeichen?
   Ich brauche ein Stück festes Papier, ein Lineal, ...
2. Schreibe die Anleitung in der Ich-Form auf:
   Ich zeichne ein Rechteck ...
3. Was brauchst du für ein Teedosenlicht?
   eine leere Teedose, Buntpapier, ...
4. Was mußt du tun? Bringe die Zeitwörter in die richtige Reihenfolge.
   Schreibe sie dann auf: klopfen, zuschneiden, kleben, anzünden, hineinstellen.
5. Versuche, die Bastelanleitung in der richtigen Reihenfolge zu erzählen.
6. Schreibe jetzt so: *Zuerst klebe ich das Buntpapier auf die Teedose. Dann überlege ich mir ein Muster für jede Seite. ...*
   Schreibe weiter. Benutze auch diese Wörter: *Als nächstes – klopfen – Hammer – Nagel – Löcher – zum Schluß – Kerze – Dose – Kerze anzünden.*
   Vorsichtig basteln!

37

auswendig lernen; ei – ie

Bald ist Weihnachten

Das Eselchen

Es war einmal ein E-,
es war einmal ein -sel,
es war einmal ein Eselchen,
das ging nicht von der Stell.

Du willst nicht heim? O Eselchen,
ich sag dir was, gib acht:
Es kommt zu dir in deinen Stall
das Christkind heute nacht!

Da blieb es nicht mehr, wo es stand,
da ging es von der Stell.
Da lief es heim, das Eselchen,
wie ein Wieselchen, so schnell!

Josef Guggenmos

Kannst du das lesen?

ES REGNET AUF DER ESEL IM SCHNEE

1. Schreibe jedes Wort dreimal auf: einmal, heim, deinen, ein.
2. Kreise bei jedem Wort (ei) blau ein.
3. Schreibe das Gedicht auf ein Schmuckblatt.
4. Lerne eine, zwei oder alle drei Strophen auswendig.
5. Suche weitere Wörter mit **ein**: heim, sein, ...

Wörter mit ei und Wörter mit ie

Weihnachten, Wiese, lieben, sieben, nie, weinen, Brief, klein, Preis, fliegt, tief, viel, wie, weich, vier, zwei, lief, bei, einfach, Seite, Zeit, hier, zeigen, sein, gleich, weil, arbeiten, hinein, meinem, nein, ziehen, weiß

6. Schreibe die Wörter in dein Heft.
   Kreise **ei** blau und **ie** rot ein:
   W(ei)hnachten, W(ie)se, ...
7. Schreibe diese Wörter in dein Heft.
   Setze dabei **ie** oder **ei** ein:
   Z__t, t__f, v__l, kl__n, n__n, fl__gt, w__ß, n__,
   Br__f, zw__, S__te, s__n, b__, w__, w__l,
   arb__ten, m__nem, v__r, s__ben.

au – äu

Bald ist Weihnachten

Au, hier fehlen Wörter mit au!

An der ____ lehnen viele Christbäume. Die kleineren liegen ____ einem ____. Wer einen ____ kaufen will, stellt ihn so ____, daß die Zweige ____. Jeder ____ nach, ob die Bäume ____ gleichmäßig gewachsen sind.

1. Diese Wörter fehlen: schaut, auch, auseinanderfallen, Mauer, auf, Baum, auf, Haufen.
   Ergänze und schreibe den ganzen Text auf.
2. Kreise **au** blau ein: M(au)er, H(au)fen, …

Einzahl au, Mehrzahl äu

der Baum – die Bäume   der Bauch – die Bäuche
der Traum – die ____   der Schlauch – die ____
der Schaum – die ____   der Brauch – die ____

3. Ergänze die Wörter. Schreibe sie in dein Heft.

Findest du die passenden Wörter?

laufen	Gebäude	Raum	häuten
kaufen	Käufer	Laut	räumen
bauen	Räuber	Haut	einzäunen
rauben	Läufer	Zaun	läuten

4. Schreibe so auf: *laufen – Läufer,* …

Maus – Mäuschen   Bäumchen – Baum
Haus – …   Schäumchen – …
Laus – …   Träumchen – …

5. Schreibe die Wortpaare auf:
   die Maus – das Mäuschen …
6. Suche Reimwörter. Schreibe sie auf:
   auch: *Bauch,* …   kaum: *Baum,* …
   auf: *hinauf,* …   aus: *Laus,* …

Aus au wird äu.
Aus äu wird au.

erzählen, schreiben zu Bildern

Das Jahr und der Kalender

Jahreszeiten

Es war eine Mutter,
die hatte vier Kinder,
den Frühling, den Sommer,
den Herbst und den Winter.

Der Frühling bringt Blumen,
der Sommer den Klee,
der Herbst bringt die Trauben,
der Winter den Schnee.

Blüten
grüne Blätter
rote Äpfel
kahle Äste mit Schnee

1. Die Bilder sind wie eine Jahreszeitenuhr. Kannst du das erklären?
2. Was tun die Kinder auf den Bildern? Erzähle.
3. Schreibe das Gedicht ab.
   Lerne es auswendig.
4. Schreibe die Geschichte vom Apfelbaum auf.
   🦉 Benutze dazu die Wörter vom Rand:
   Im Frühling hat der Apfelbaum Blätter und Blüten. Im Sommer hat ...
5. Male die Jahreszeitenbäume.
6. Schreibe die Jahreszeiten in der richtigen Reihenfolge auf:
   Nach dem Winter kommt der Frühling. Nach ...

vortragen, Artikulation; Satzzeichen; Rätsel

Das Jahr und der Kalender

Die Enten laufen Schlittschuh

Die Enten laufen Schlittschuh
auf ihrem kleinen Teich.
Wo haben sie denn die Schlittschuh her –
sie sind doch gar nicht reich?

Wo haben sie denn die Schlittschuh her?
Woher? Vom Schlittschuhschmied!
Der hat sie ihnen geschenkt, weißt du,
für ein Entenschnatterlied.

Christian Morgenstern

1. Lies das Gedicht deinem Partner vor.
2. Lies das Gedicht mehrmals.
   Achte jetzt besonders auf die Satzschluß-
   zeichen.
3. Magst du das Gedicht auswendig lernen?

Rätsel und Scherzfragen

Wann ist das Jahr so viele Tage alt, wie du Augen hast?
Am …

Wann ist es am gefährlichsten, in den Garten zu gehen?
Wenn die Bäume …   sticht.
wenn der Salat …   ausschlagen,
und wenn die Sonne …   schießt

4. Löse die Rätsel. Schreibe die Fragen und die Antworten in dein Heft.
5. Suche Rätsel und Scherzfragen in Zeitschriften und Büchern.
   Schneide sie aus, oder schreibe sie auf.
6. Erfinde eigene Rätsel oder Scherzfragen.

Alphabet; Informationen geben, einholen

Das Jahr und der Kalender

Der Kalender

Jeder bringt von zu Hause einen Kalender mit. In der Klasse schaut ihr euch zusammen die verschiedenen Kalender an.

Im Kalender stehen die Namen der Monate.

Sie heißen: Februar, Januar, Juni, Juli, August, September, März, Oktober, Dezember, April, November, Mai.

A April, August
B ...
C
D
E
F
.
.

1. Schreibe die Buchstaben des Alphabets untereinander in dein Heft.
2. Schreibe jeden Monatsnamen hinter den passenden Anfangsbuchstaben.
3. Suche weitere Jahreszeitenwörter, und ordne zu: *Kirsche, Regen ...*
4. Schreibe jetzt die Monatsnamen in der richtigen Reihenfolge auf: *Januar, ...*
5. Wie viele Tage haben die Monate?
   Der Kalender verrät es dir.
   Der Januar hat 31 Tage.
   Der Februar hat ...
   Der März ...
6. Du kannst dir die Länge der Monate leicht mit der Knöchelregel merken:
   Berg heißt 31 Tage.
   Tal heißt ... Tage und im Februar ... Tage.
   31 Tage haben die Monate ...
   30 Tage haben die Monate ...
   28 Tage hat der Monat ...
7. Wie viele Tage hat jede Woche?
8. Schreibe die Namen der Wochentage auf.
9. Tim sagt: Wir treffen uns heute in vierzehn Tagen.
   Im Fernsehen hören wir:
   Einsendeschluß: Samstag in acht Tagen.
   Was ist damit gemeint?

schreiben zu Bildern; notieren; einladen; Gesprächsregeln

Das Jahr und der Kalender

A B C

Kinder haben viel zu tun

Thomas hatte am Montag viel vor.

1. Schreibe den Tageslauf von Thomas auf.
   Diese Wörter helfen dir:
   geht, singt, paßt auf, flötet, putzt, sieht fern.
   Um 8.00 Uhr geht Thomas in die Schule ...
2. Wie war es letzten Montag bei dir? Erzähle.
3. Schreibe deinen Tageslauf auf.
   Kannst du auch eine Bildergeschichte dazu zeichnen?

D E F

Der Kalender als Merkzettel

Tim hat im Januar viel vor. Damit er nichts vergißt, hat er alles in seinen Kalender eingetragen.

4. Was will Tim alles machen? Erzähle.
5. Schreibe so auf:
   Am 11. Januar geht Tim mit Tina in den Zirkus. Am ...
6. Mirko hat Tim eingeladen. Spielt das Gespräch.

Januar

11. Montag	Zirkus (mit Tina)
12. Dienstag	
13. Mittwoch	Kino (Tom und Jerry)
14. Donnerstag	Geburtstagseinladung bei Mirko
15. Freitag	
16. Samstag	Zoo (mit Tina und Papa)
17. Sonntag	Eisbahn

Januar

18. Montag	
19. Dienstag	
20. Mittwoch	mit Thomas Tischtennis
21. Donnerstag	
22. Freitag	Kinderturnen
23. Samstag	
24. Sonntag	Oma und Opa besuchen

43

Wörter sammeln; Namenwörter; Begleiter

Das Jahr und der Kalender

Es gibt Wörter, die Gemeinsamkeiten haben, z. B. Fahrrad, Dreirad, Auto, Bus. Diese Gemeinsamkeiten kann man mit einem **Sammelnamen** sagen: Fahrzeuge.

Ein Sammelname für mehrere Wörter

Tim sagt: Fahrrad, Dreirad, Auto, Bus. Tina nennt den Sammelnamen dazu: Fahrzeuge.

1. Welche Wörter gehören zu den Sammelnamen *Märchen, Jahreszeiten, Spielzeug, Monate, Tiere?*
   - September, Oktober, November
   - Spatz, Amsel, Drossel, Taube
   - Weihnachten, Neujahr, Ostern
   - Ball, Puppe, Stofftier, Klötze
   - Rotkäppchen, Schneewittchen

2. Schreibe so:
   September, Oktober, November sind *Monate*.
   Spatz, Amsel, Drossel, Taube sind …

3. Welche Wörter gehören nicht zum Sammelnamen **Monate:** *August, Januar, Montag, Juli, Dienstag, Sonntag, April, März, Mittwoch, Samstag, Juni, Freitag, Mai, Donnerstag?*
   Schreibe die Wörter auf: *Montag, …*

Winterwörter und Sommerwörter

4. Lies die Wörter mehrmals vor.
5. Ordne die Wörter vom Bild so:
   Zum Winter gehören: Ski, …
   Zum Sommer gehören: Hitze, …
6. Findest du auch Urlaubswörter, Schulwörter, Wohnungswörter, …?
7. Setze zu den Winterwörtern den bestimmten Begleiter: *der Ski, …*
8. Setze zu den Sommerwörtern den unbestimmten Begleiter: *eine Hitze, …*
9. Schreibe weitere Wörter so lustig auf wie auf dem Bild.

ie; lange, kurze Selbstlaute, Umlaute; Diktat

Das Jahr und der Kalender

Ordne nach kurzen und langen Selbstlauten

1. *Sprich die Wörter vom Rand deutlich aus.*
2. *Wo hörst du einen kurzen Selbstlaut?*
   Wo hörst du einen langen Selbstlaut?
3. *Schreibe die Wörter mit kurzem Selbstlaut auf.*
   Setze unter die kurzen Selbstlaute einen Punkt:
   Sonne, ...
4. *Schreibe die Wörter mit langem Selbstlaut auf.*
   Setze unter die langen Selbstlaute einen Strich:
   Hose, ...
5. *Bilde Reimwörter:*

Hose	Sonne
Dose	Tonne
...	...
...	...

6. *Suche in der Wörterliste (S. 108–111) fünf Wörter mit kurzem und fünf Wörter mit langem Selbstlaut.*

Hose
Tanne
Sonne
Kuchen
Bild
Besen

Die fünf **Selbstlaute** heißen **a, e, i, o, u**.

Der Schneemann

Lieber Schneemann, sagte Tina leise. Aber der Schneemann auf der Wiese hörte sie nicht.
Schneemann, schrie der Rabe.
Aber der Schneemann hörte nicht auf den Vogel.
Da schien die Sonne warm vom Himmel.
Gleich lief der Schneemann weg.

7. *Lies die Geschichte.*
8. *Schreibe die Wörter mit **ie** heraus.*
9. *Kreise die **ie** rot ein:*
   L**ie**ber ...
10. *Diktiere den Text deinem Partner, oder schreibe die Geschichte ab.*

vortragen

Winterzeit – Geschichtenzeit

Es kommt eine Zeit

Es kommt eine Zeit,
da lassen die Bäume
ihre Blätter fallen.
Die Häuser rücken
enger zusammen.
Aus dem Schornstein
kommt ein Rauch.

Es kommt eine Zeit,
da werden die Tage klein
und die Nächte groß,
und jeder Abend
hat einen schönen Namen.

Einer heißt Hänsel und Gretel.
Einer heißt Schneewittchen.
Einer heißt Rumpelstilzchen.
Einer heißt Katherlieschen.
Einer heißt Hans im Glück.
Einer heißt Sterntaler.

Auf der Fensterbank
im Dunkeln,
daß ihn keiner sieht,
sitzt ein kleiner Stern
und hört zu.

Elisabeth Borchers

1. Welche Zeit ist gemeint? Erzähle von dieser Zeit.
2. Woher haben die Abende ihre besonderen Namen? Gibt es auch bei euch so schöne Abende?
3. Ein Tip für Kinder, die einen Teil oder das ganze Gedicht auswendig lernen wollen:
Die Klammern zeigen euch, welche Zeilen ihr am besten zusammen lernt.

erzählen; Schluß erfinden; Überschriften zu Bildern suchen

Winterzeit – Geschichtenzeit

Vom dicken, fetten Pfannkuchen

Es waren einmal drei alte Weiber, die wollten gern einen Pfannkuchen essen. Die erste gab ein Ei dazu, die zweite Milch, die dritte Fett und Mehl. Und sie backten einen dicken, fetten Pfannkuchen. Als er fertig war, richtete er sich in der Pfanne auf, sprang vom Herd und rannte hinaus. Er lief immer weiter, kantipper, kantapper in den Wald hinein.

Da begegnete ihm ein Häschen und rief: Dicker, fetter Pfannkuchen, bleib stehn, ich will dich fressen! Der Pfannkuchen aber antwortete: Ich bin drei alten Weibern weggelaufen, und sollte dir, Häschen Wippeschwanz, nicht weglaufen? Und lief kantipper, kantapper in den Wald hinein.

Da kam ein Schwein dahergerannt und grunzte: Dicker, fetter Pfannkuchen, bleib stehn, ich will dich fressen! Der Pfannkuchen aber antwortete: Ich bin drei alten Weibern weggelaufen, dem Häschen Wippeschwanz, und sollte dir, Schwein Kringelschwanz, nicht weglaufen? Und lief kantipper, kantapper in den Wald hinein.

Da kamen drei Kinder daher, die hatten keinen Vater und keine Mutter mehr, und sie sprachen: Bitte, lieber Pfannkuchen, bleib stehn! Wir haben den ganzen Tag noch nichts gegessen! ...

nach Brüder Grimm

1. Erzähle die Geschichte nach.
2. Wie geht es weiter?
   Erfinde einen Schluß. Erzähle.
3. Finde Bildüberschriften zu Ⓐ–Ⓓ.
   Schreibe sie auf:
   Ⓐ *Der Pfannkuchen springt aus der Pfanne.*
   ...
4. Male das Schlußbild der Geschichte.
   Schreibe auch hierzu eine Bildüberschrift.
5. Schreibe den Schluß der Geschichte in ganzen Sätzen auf.

Reihenfolge

Winterzeit – Geschichtenzeit

Vom Schneider und dem Elefanten

Und als er wieder zu dem Schneider kam, stellte er sich gerade vor ihn hin und blies ihm das Wasser ins Gesicht und über den ganzen Leib und ging weg.

Der Schneider wollte die Äpfel lieber selbst essen, und als der Rüssel wieder kam, stach er mit seiner Nadel hinein.

Ein Elefant wurde zur Tränke getrieben, vorbei an einem Schneider, der vor der Tür saß. Der Schneider hatte Äpfel neben sich liegen. Und als der Elefant die Äpfel sah, stand er still, streckte seinen Rüssel aus und holte einen nach dem andern weg.

Der Elefant sagte P'r'r'r'r und ging weiter zur Tränke, trank sich satt und nahm einen Rüssel voll Wasser mit zurück.

nach Matthias Claudius

1. *Lest die einzelnen Teile der Geschichte vor.*
2. *Lest die Geschichte jetzt so vor, daß sie einen Sinn ergibt.*
3. *Sprecht über das Verhalten des Elefanten.*
4. *Schreibe einen Teil der Geschichte ab.*
5. *Welche vier Partner können nun die Geschichte in der richtigen Reihenfolge vorlesen?*
6. *Erfinde neue Überschriften.*

Geschichte weiterführen; Geschichte erfinden; Stichworte

Winterzeit – Geschichtenzeit

Eine unendliche Geschichte

Es war ein kalter Winterabend. Dreiunddreißig Indianer saßen im Zelt am Feuer und sagten: Häuptling, erzähl uns eine Geschichte.
Da stand der Häuptling auf und sprach:
Früher war die Jagd viel gefährlicher als heute. Einmal wäre ich fast nicht zurückgekehrt. Als ich im dunklen Wald nach Beute suchte, stand auf einmal ein riesiger Bär vor mir ...

1. Erzähle die Geschichte ein Stück weiter.
   Nun erzählt dein Nachbar. So entsteht eine unendliche Geschichte. Diese Wörter können zu eurer Geschichte passen: Angst, brummen, Tatze, Messer, Kampf, Wunde, bluten, Hilfe, Pfeil und Bogen, Heimkehr.

Der Wanderkuß – eine Kreisgeschichte

Kennt ihr die Geschichte vom Kuß, der ewig wandern muß? Sie ist wirklich wahr, denn meine Oma hat ihn mir persönlich gegeben, den dicken Kuß. Ich hab' ihn an meine Mutter weiterverschenkt, und die hat ihn meinem Vater, der gerade von der Arbeit kam, auf die Backe gesteckt, was ich mit eigenen Augen gesehen habe. Mein Vater ...
Michail Krausnick

2. Der Kuß kommt noch weiter herum. Erzähle.
3. Schließlich kommt er wieder zu dir zurück und ... Schreibe den Schluß auf.
4. Erfinde eine eigene Kreisgeschichte: die Wanderpuppe, der Wanderpfennig, ... Schreibe so:
   Puppe → Peter gefunden → ...
5. Schreibe deine Kreisgeschichte in Sätzen auf.

Geschichten erfinden, erzählen, schreiben; Geschichten weiterführen

Winterzeit – Geschichtenzeit

Woher kommen Geschichten?

Tim und Tina schreiben gern Geschichten auf. Sie wissen, woher Geschichten kommen. Tina meint: Sie fallen nicht einfach vom Himmel. Ein paar Dinge helfen mir, eine Geschichte zu finden:
- Zuerst überlege ich, ob mir ein schönes Erlebnis einfällt. Dazu finde ich leicht eine Geschichte.
- Manchmal finde ich auch schöne Wörter, zu denen mir eine Geschichte einfällt, z. B.: Weihnachtsmarkt – Zuckerwatte – Bauchweh.
- In Bildern stecken auch schöne Geschichten, die man erzählen und aufschreiben kann.

Am schönsten ist es immer, wenn wir uns gegenseitig Geschichten erzählen ...

1. Suche dir deine Hilfe aus: Was gefällt dir daran sofort? Gib Beispiele.
2. Schreibe eine Wintergeschichte auf. Berate dich mit deinem Partner.

Jakob und der Schneemann

Tinas Geschichte beginnt so: Der Zauberer Wutzliputzli wollte Herrn Jakob schon immer gern einen Streich spielen. Er saß in seinem Zauberschloß und schaute zum Fenster hinaus. Auf der Wiese stand ein Schneemann. Da kam Wutzliputzli plötzlich eine Idee. Er nahm seinen Zauberstock und begann: „Fili, foli, Zauberdreck, geh von diesem Fleck hier weg ..."

3. Erzähle, welchen Streich der Zauberer Herrn Jakob spielen will.
4. Schreibe die Geschichte auf. Die Wörter und die Bilder vom Rand helfen dir dabei.
5. Suche einen Schluß, und schreibe ihn auf.

Sessel – Zeitung – Klingel – Tür – lesen – verwundert gucken – aufstehen – öffnen – staunen – überrascht – stehen

Zeitwörter: Wortstamm; Lückentext ergänzen

Winterzeit – Geschichtenzeit

Zeitwörter verändern sich

malen, schreiben, spielen, turnen, backen, kochen, singen, schwimmen, hören, suchen, zahlen, zählen.

1. Schreibe die Zeitwörter auf, und kreise den Wortstamm rot ein:
   mal)en, schreib)en, …
2. Bei diesen Zeitwörtern bleibt der Wortstamm gleich. Die Endung verändert sich.
   Schreibe die Zeitwörter so auf, wie auf dem Randstreifen.
3. Bei diesen Zeitwörtern verändern sich der Wortstamm und die Wortendung:
   können, fahren, schlafen, fallen, …
   Weißt du auch, wie es hier heißen muß?
   Schreibe auf:
   Ich kann, du kannst, …

Das weißt du noch:
Zeitwörter haben einen **Wortstamm**: mal)en.
Der Wortstamm kann gleichbleiben: mal)en, mal)t, … Er kann sich auch verändern: fahr)en, fähr)t, …

	mal	en
ich	mal	e
du	mal	st
er	mal	t
sie	mal	t
es	mal	t
wir	mal	en
ihr	mal	t
sie	mal	en

Im Winter

Seit Tagen … Schnee vom Himmel.
Autos … auf der glatten Straße.
Der Bus … nicht pünktlich.
Viele Tiere …
Sie … Futter.
Die Pflanzen im Garten … nicht.

rutschen, suchen, blühen, fallen, hungern, fahren

4. Schreibe den Text vollständig auf.
   Benutze die Zeitwörter vom Rand dazu.
5. Überlege, was Menschen, Tiere, Pflanzen und Dinge im Winter noch tun: Kinder, Hunde, die Sonne, Züge, Blätter, Autos, …
   Schreibe Sätze auf.
   Unterstreiche die Zeitwörter.

Schlittschuh laufen, frieren, bellen, scheinen, fahren, liegen

gezielt antworten; Uhrzeiten aufschreiben

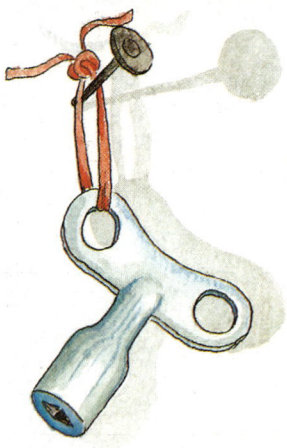

Von der Zeit

1. Schau dir die Uhr an.
   Der Apfel verändert sich.
   Was könnte das bedeuten?
2. Gib diese Uhrzeiten genauer an:
   halb vier, viertel vor fünf, viertel nach zwölf, viertel vor elf, zwanzig nach zwei.
3. Schreibe so:
   *Halb vier heißt 15.30 Uhr oder 3.30 Uhr.
   Viertel vor …*

auswendig lernen; gezielt antworten; Aussagesätze

Von der Zeit

Die kleine Hex'

Morgens früh um sechs
kommt die kleine Hex'.

Morgens früh um sieben
schabt sie gelbe Rüben.

Morgens früh um acht
wird Kaffee gemacht.

Morgens früh um neun
geht sie in die Scheun'.

Morgens früh um zehn
holt sie Holz und Spän',

feuert an um elf,
kocht dann bis um zwölf:

Fröschebein und Krebs und Fisch,
hurtig, Kinder, kommt zu Tisch!

1. Lies das Gedicht, und lerne es auswendig.
2. Was macht die kleine Hexe um sechs Uhr, um sieben Uhr ... Schreibe so auf: *Die kleine Hexe kommt um sechs Uhr. Um sieben ...*
3. Du siehst, bei der Uhr fehlt etwas. Als Zeiger kannst du ausgeschnittene Papierstreifen (zwei Farben) nehmen. Einer soll der Minutenzeiger sein. Der kürzere ist der Stundenzeiger.
   Lege jetzt die Uhrzeiten aus dem Hexengedicht.
4. Bastle dir eine Uhr.
5. Wie heißen die Uhrzeiten aus dem Hexengedicht, wenn die Hexe abends kochen würde?

Ein Tag hat 24 Stunden

Eine Minute hat 60 Sekunden eine Stunde hat 60 Minuten ein Tag hat 24 Stunden eine Woche hat 7 Tage ein Jahr hat 52 Wochen

6. Überlegt, wie viele Sätze der Text hat.
7. Schreibe die Sätze auf. Setze dabei die Punkte, denke an die Großschreibung am Satzanfang.
8. Frank fragt: Wann seid ihr gestern abgefahren? Sonja antwortet: Ganz genau um 15 Minuten vor viertel nach drei. Verstehst du das?

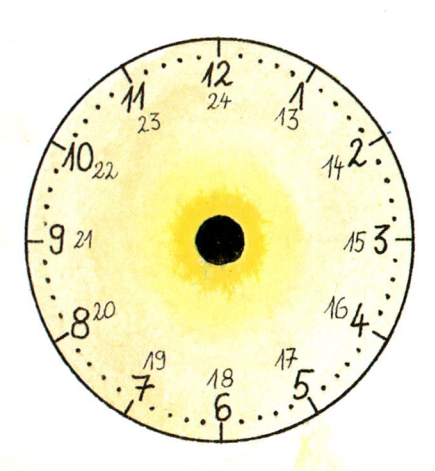

Handlungsablauf; Sätze zuordnen; sich entschuldigen

Von der Zeit

Ein Tag in Peters Leben

Abendbrot gibt es um sechs Uhr.
Seine Hausaufgaben macht er um halb drei.
Peter schläft um fünf Uhr früh noch.
Ab acht Uhr ist Peter in der Schule und lernt.
Um vier Uhr spielt er Fußball.
Frühstück gibt es um halb acht Uhr.

1. Erzähle, was du auf den einzelnen Bildern siehst.
2. Erzähle jetzt in der richtigen Reihenfolge.
3. Welcher Satz vom Randstreifen paßt zu welchem Bild?
   Schreibe die Sätze in der richtigen Reihenfolge auf.
4. Schreibe die Geschichte richtig auf.
   Gefällt dir die Überschrift?
5. Peter kommt zu spät zur Schule.
   Wie entschuldigt er sich?

Geschichten erzählen, aufschreiben; Reihenfolge

Von der Zeit

Ein schwarzer Tag

Herr Schußlig ist ein netter Mann. Aber manchmal ist er nicht ganz bei der Sache.

1. Was geschieht auf den Bildern? Beschreibe.
2. Erzähle zu den Bildern eine schöne Schußlig-Geschichte.
   Wechselt euch beim Erzählen ab.

Neues von Herrn Schußlig

| Heute <u>mittag</u> ißt er die Suppe mit der Gabel. |
| Als er <u>am Morgen</u> aus dem Haus geht, zieht er den Bademantel über den Anzug an. |
| <u>Nach dem Aufstehen</u> kämmt sich Herr Schußlig mit der Zahnbürste. |
| <u>Heute abend</u> legt sich Herr Schußlig zum Schlafen unter das Bett. |
| Mit dem Einkaufskorb an der Leine und dem Hund unter dem Arm geht er <u>am Nachmittag</u> in den Supermarkt. |

3. Was ist Herrn Schußlig an diesem Tag passiert?
   Im Text ist alles durcheinandergeraten.
   Schreibe in der richtigen Reihenfolge auf.

Was könnte noch passieren?

4. Jetzt denkst du dir selbst etwas zu Herrn Schußlig aus. Benutze diese Wörter für die richtige Reihenfolge in deiner Geschichte:
   Zuerst ... Als nächstes ... Am Vormittag ...
   Danach ... Am Nachmittag ...
   Später ... In der Nacht ... Zum Schluß ...
5. Ist es dir selbst schon einmal ähnlich ergangen?
   Schreibe es auf.

darstellendes Spiel; zusammengesetzte Namenwörter

Von der Zeit

Kasper und der Uhrmacher

So, Kasper, sagt der Uhrmacher. Deine Standuhr geht wieder.
Warum geht sie wieder? fragt Kasper. Sie hat doch keine Beine. Sie kann gar nicht gehen.
Doch, sagt der Uhrmacher. Gleich wird sie schlagen!
Was, schlagen tut sie auch? Dann soll sie lieber wieder gehen!

1. Lest die Geschichte zu zweit. Einer ist der Kasper, einer ist der Uhrmacher.
2. Spielt eure Kaspergeschichte den anderen vor.

Die Geschichte vom Kasper ist deshalb so lustig, weil Wörter verschiedene Bedeutungen haben können. Das geht auch mit Namenwörtern.

3. Schaut euch die Bilder an, und spielt eure eigene Verwechslungsgeschichte.
   Die Zuschauer raten, welche Wörter ihr gemeint habt.
4. Kennst du das Spiel „Teekesselraten"?
   So wird es gespielt: …

Vielerlei Uhren

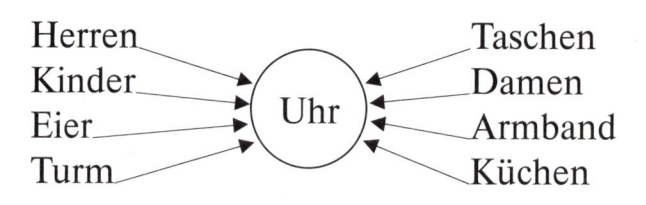

Herren — Taschen
Kinder — Damen
Eier — Uhr — Armband
Turm — Küchen

5. Setze die Namenwörter zusammen. Schreibe so: *Herren und Uhr: die Herrenuhr,* …
6. Sind das auch echte Uhren: die Sonnenuhr, die Parkuhr, die Wasseruhr, die Sanduhr?

Artikulation; kurze Selbstlaute; Mitlautverdopplung

Von der Zeit

Morgens

Rr – der Wecker surrt,
rr – und nicht geknurrt,

rr – der Schlaf ist aus,
rr – zum Bett hinaus,

rr – zur Schule schnell,
rr – raus auf der Stell.

1. Lies so, daß man den Wecker surren hört.
2. Schreibe das kleine Gedicht ab.

Wir reimen selbst

sollen	Mann	knallen	still	bellt
w____	d___	f____	w__	st___
Zimmer	Wall	schnell	kennen	glatt
i____	B__	h__	br____	B__
Tonne	trennen	glatt	Butter	besser
S____	n___	B__	M___	M____
bitte	sperren	kann	fassen	Schlitten
M__	H___	w__	p____	b____

> 12
> Ein Großer
> und ein Kleiner,
> ein Dicker
> 9   und ein Dünner,   3
> die gehen immer
> still und stumm
> im Kreis herum.
> 6

3. Lies die Wörter mehrmals vor.
4. Schreibe die Reimpaare auf.
5. Kreise **ll**, **mm**, **nn**, **rr**, **ss**, **tt** grün ein.
6. Setze unter den kurzen Selbstlaut einen Punkt.

Was ist das?

7. Schreibe das Rätsel vom Randstreifen in dein Heft.
8. Kreise **ll**, **mm** und **nn** grün ein.
9. Schreibe weitere Wörter mit **ll, mm, nn** auf.

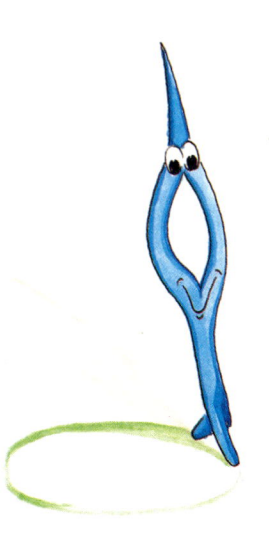

fragen, Auskunft geben; Artikulation

Zu Hause

Mutter
Vater
Eltern
Bruder
Schwester
Großmutter
Großvater
Großeltern
Tante
Onkel

Familien

1. Erzähle zu jedem Familienbild.
2. Möchtest du von deiner Familie erzählen?
3. Welche Personen können zu einer Familie gehören? Schreibe so:
   Zu einer Familie können gehören: ...

Eine lustige Familie

Es war einmal ein Mann,
der hatte drei Söhne.
Der eine hieß Schack,
der andere hieß Schackschawerack,
der dritte hieß Schackschawerackschackommini.

4. Versuche zu lesen, ohne dich zu versprechen.

Aussagesätze; Rätsel

Zu Hause

Wilhelm Schulz — Rose Schulz   Ernst Maier — Ida Maier

Dieter Schulz   Ursel Schulz geb. Maier

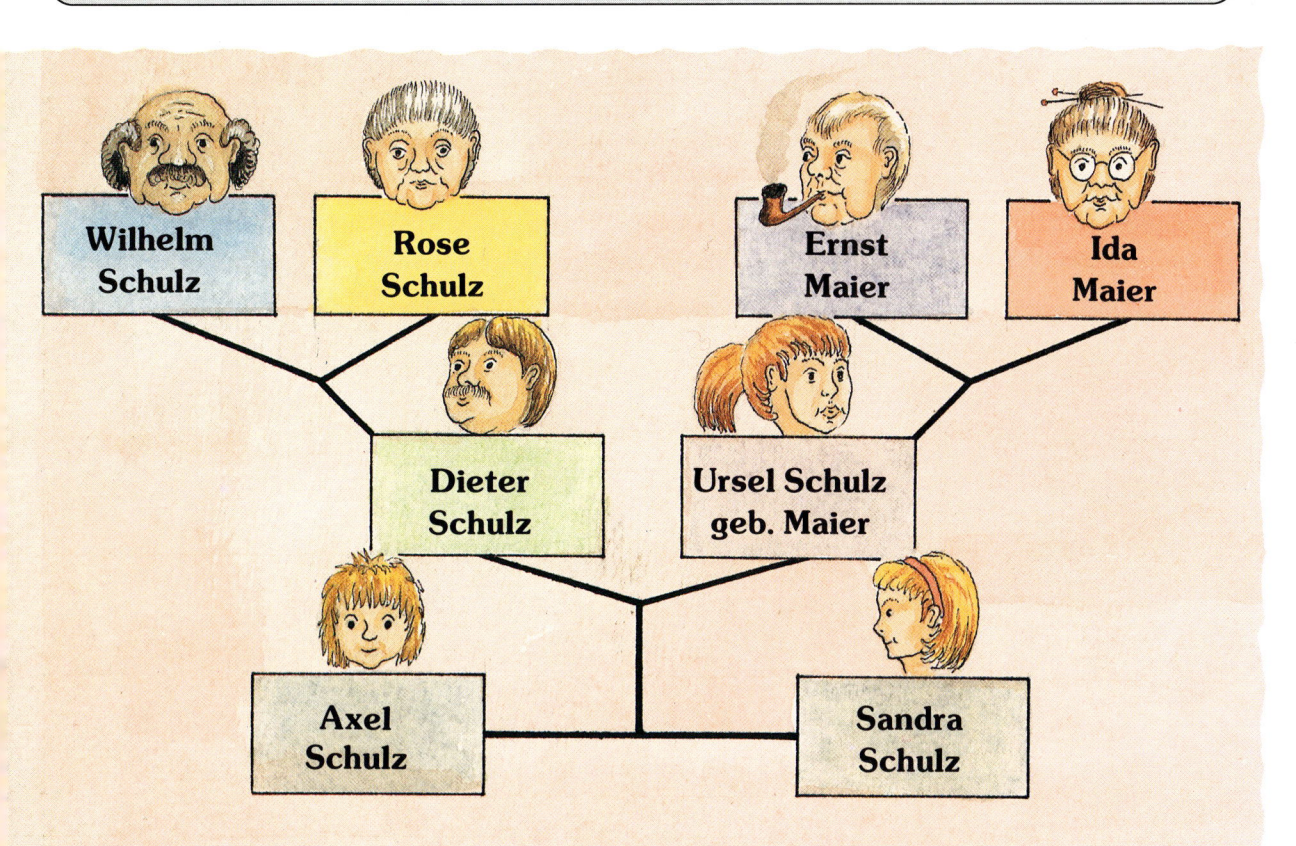

Axel Schulz   Sandra Schulz

Axels Familie

1. Seine Schwester heißt Sandra Schulz.
   Seine Mutter ...
   Sein Vater ...
   Eine Großmutter ...
   Die andere Großmutter ...
   Ein Großvater ...
   Der andere Großvater ...
   Schreibe alle Sätze vollständig auf.

2. Erkläre diese Wörter:
   Enkelin, Enkel, Schwiegersohn,
   Schwiegertochter.
   Schreibe so:
   Sandra ist Enkelin von ...
   Axel ist Enkel von ...
   Dieter Schulz ist Schwiegersohn von ...
   Ursel Schulz ist Schwiegertochter von ...

Ehemann
Ehefrau
Tochter
Sohn
Enkelin
Enkel
Schwiegersohn
Schwiegertochter
Schwiegereltern

Ein Rätsel

Meiner Eltern Kind,
doch nicht mein Bruder
und nicht meine Schwester.

ich

darstellendes Spiel; Wiewörter; Geschichte erfinden

Zu Hause

Sandras Mutter

Sandra und Axel schauen aus dem Fenster.

Dort drüben steht eine Frau, sagt Axel.
    Dort sind aber viele Frauen, antwortet Sandra.

Ich meine die junge Frau.
    Da sind zwanzig junge Frauen.

Ich meine die junge, dicke Frau.
    Da sind fünf junge, dicke Frauen.

Ich meine die junge, dicke, blonde Frau.
    Da sind drei junge, dicke, blonde Frauen.

Ich meine die junge, dicke, blonde, lustige Frau.
    Da sind zwei junge, dicke, blonde, lustige Frauen.

Ich meine die junge, dicke, blonde, lustige, liebe Frau.
    Ja, das ist doch meine Mutter.

Wiewörter sagen uns, wie jemand ist: alt, jung, dick, …

frech
dunkelhaarig
alt
traurig
dünn

---

1. Lest die Geschichte mit verteilten Rollen.
2. Wie hat Sandra erkannt, daß Axel ihre Mutter meint?
   Schreibe alle Wörter auf, die dir sagen, wie Axels Mutter ist:
   jung, …
3. Schreibe das Gegenteil zu den Wiewörtern auf: *jung – alt, dick – …*
4. Bilde Sätze mit vier Wiewörtern:
   Unser Haus ist hoch, schön, gemütlich und groß. …
5. Erfinde eine ähnliche Geschichte:
   Dort drüben steht ein Kind …

Brief; Glückwunsch; fragen, Auskunft geben

Zu Hause

Die Geburtstagsgeschenke

Axel hat zu seinem Geburtstag Geschenke bekommen: einen Fußball von seinen Eltern und von Rolf eine Taschenlampe. Seine Großmutter hat ihm ein Buch geschickt. Bei seinen Eltern und bei Rolf bedankt sich Axel sofort.

1. *Spielt Axels Gespräche mit seinen Eltern und mit Rolf vor.*

> Neustadt, 14. 03. 1989
>
> Liebe Oma,
> vielen Dank für das schöne Buch zu meinem Geburtstag. Die Saurier gefallen mir ganz besonders gut. Ich habe auch schon viel in dem Buch gelesen. Wann besuchst Du uns einmal wieder?
>
> Viele liebe Grüße
> Dein Axel

2. *Schreibe den Brief für ein Geschenk, das du bekommen hast: Spiel, Baukasten, ...*
3. *Schreibe Axel zum Geburtstag eine Glückwunschkarte.*

Bei der Geburtstagsfeier

Axel hat viele Freunde zu seiner Geburtstagsfeier eingeladen. Petra kommt als erste. Sie bringt ein großes Paket mit. Was ist wohl drin? Petra sagt zu Axel: Sechsmal darfst du fragen.

4. *Was fragt Axel? Schreibe die Fragen und die Antworten auf:*
   Ist es schwer? – Nein. Kann man damit ...

Silbentrennung

Zu Hause

> Längere Wörter kannst du beim Sprechen und beim Schreiben in **Silben** trennen.

Wörter klatschen

1. Klatsche so, daß es zu den Wörtern paßt.
   Zum Beispiel einmal:
   Tag   Haus   Kind

   Oder so, zweimal:
   Va-ter   El-tern   Mut-ter

   Oder sogar dreimal:
   Nach-mit-tag   Renn-au-to   Wunsch-zet-tel

2. Wie oft kannst du bei diesen Wörtern klatschen?
   Geburtstag, am Morgen, Spiel, alle, Puppe, rief, wie, spielen, Kinder, Häuser, ab, zum, Kuchen, tief, sie, Erde, Finger, endlich, hebt, Fehler, bringen, Geschenk, erklären, ihm, langsam, bis, ihnen, laß, fliegen, von, werden, laßt, Stück, Glück, viel, vier, hier, verlaufen

3. Schreibe die Wörter ab.
   Welche kannst du trennen?

4. Schreibe Axels Brief an seine Oma (S. 61) so auf:
   Lie - be Oma, vie - len ...

> Eins, zwei, drei, vier, fünf, sechs, sieben, meine Mutter kochte Rüben, meine Mutter kochte Speck, und du bist weg.

Abzählen

Die Kinder wollen draußen Verstecken spielen. Tina sagt einen Abzählvers.

5. Wie spricht Tina diesen Abzählvers?
   Schreibt den Vers mit Silbentrennung auf.
   Ihr müßt acht Wörter trennen.

Aufforderungssätze; Mitlautverdopplung; Diktat

Zu Hause

Die Gäste sind gegangen

Am Abend wird aufgeräumt. Alle helfen mit. Herr Schulz sagt zu Axel: Nimm bitte die Teller, und stelle sie in den Schrank! Frau Schulz fordert Sandra auf: Trockne bitte das Besteck ab!

Das weißt du schon:
Aufforderungssätze haben ein **Ausrufezeichen**
!

1. Schreibe den Text ab.
   Unterstreiche die Aufforderungssätze.
2. Kreise die doppelten Mitlaute grün ein: A(ll)e, ...
3. Laßt euch den Text diktieren.

Es gibt noch mehr zu tun

Axel soll die Gläser abtrocknen.
Sandra soll das Besteck einräumen.
Der Vater soll die Stühle wegbringen.

4. Schreibe auf, was Frau Schulz sagt:
   Trockne bitte die Gläser ab, Axel!
5. Schreibe Aufforderungssätze
   mit diesen Wörtern auf:
   bring ... weg,
   gib, wisch ... ab, hilf, vergiß ... nicht
   Spielsachen, Lappen, Tisch, Geschirr, Löffel
6. Erfinde neue Aufforderungssätze. Wer von euch spielt diese Aufforderungen der Klasse vor?

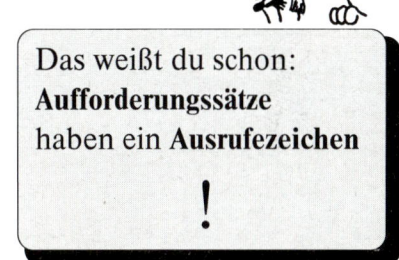

erzählen; Sätze zu Bildern

Was blüht denn da?

① ④

② ⑤

③ ⑥

Schneeglöckchen blühen

Erde lockern, mit Kompost düngen

Erde umgraben, Strauch setzen

Pflanzen in Glaskästen prüfen

Tomatenpflanzen setzen

Blumen gießen

1. Welcher Satz gehört zu welchem Bild?

Aussagesätze; Tunwörter

Was blüht denn da?

Gartenpflanzen machen Freude

Die Bilder auf Seite 64 zeigen wichtige Gartenarbeiten im Frühjahr.

1. Schreibe auf, was auf den Bildern geschieht:
   1. Bild: *Schneeglöckchen blühen als erste Blumen im Garten.*
   2. Bild: *Die Erde muß gelockert werden.* …

Jetzt fängt das schöne Frühjahr an

Jetzt fängt das schöne Frühjahr an,
und alles fängt zu blühen an
auf grüner Heid und überall.

Es blühen Blümlein auf dem Feld,
sie blühen weiß, blau, rot und gelb,
es gibt nichts Schöners auf der Welt.

Jetzt geh ich über Berg und Tal,
da hört man schon die Nachtigall
auf grüner Heid und überall.

2. Lies das Gedicht, und lerne es auswendig.
3. Wie wird die Natur in dem Gedicht beschrieben?
4. Male zu jeder Strophe ein Bild.

Das Radieschenbeet

Gemeinsam legt Familie Neumann
ein Radieschenbeet an.
Vater: Steine herausholen
Mutter: hacken
Tina: harken
Tim: säen

5. Schreibe jetzt vollständige Sätze auf.
   Schreibe so: *Vater holt Steine heraus.*

Aussagesätze; Wiewörter

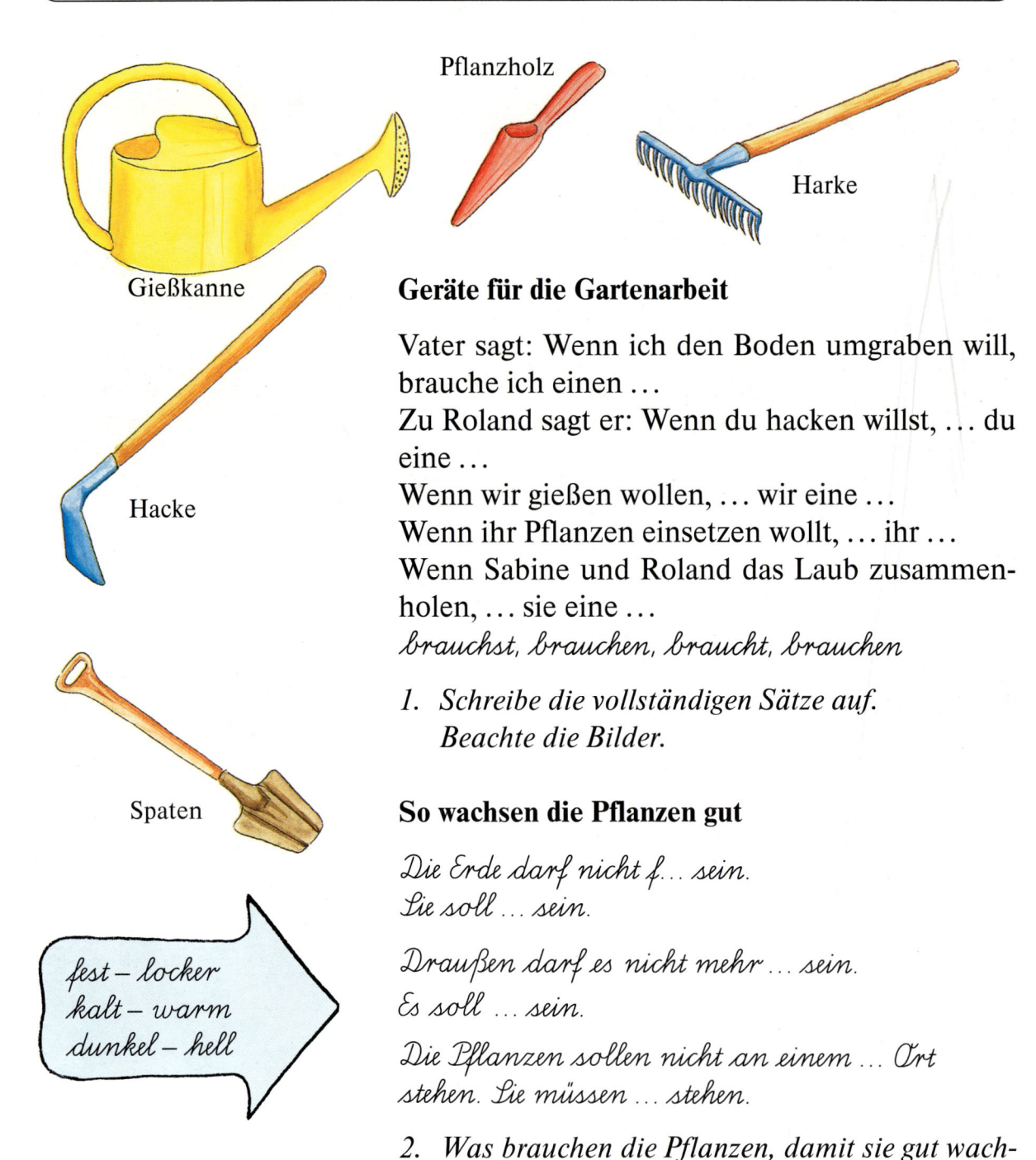

Was blüht denn da?

Pflanzholz

Harke

Gießkanne

Hacke

Spaten

fest – locker
kalt – warm
dunkel – hell

Geräte für die Gartenarbeit

Vater sagt: Wenn ich den Boden umgraben will, brauche ich einen …
Zu Roland sagt er: Wenn du hacken willst, … du eine …
Wenn wir gießen wollen, … wir eine …
Wenn ihr Pflanzen einsetzen wollt, … ihr …
Wenn Sabine und Roland das Laub zusammenholen, … sie eine …

brauchst, brauchen, braucht, brauchen

1. Schreibe die vollständigen Sätze auf. Beachte die Bilder.

So wachsen die Pflanzen gut

*Die Erde darf nicht f… sein.
Sie soll … sein.*

*Draußen darf es nicht mehr … sein.
Es soll … sein.*

Die Pflanzen sollen nicht an einem … Ort stehen. Sie müssen … stehen.

2. Was brauchen die Pflanzen, damit sie gut wachsen? Schreibe die Sätze auf, und setze die Wiewörter vom Rand ein.
3. Du hast nun den Teil einer Pflegeanleitung für Pflanzen. Was mußt du noch wissen, wenn du Pflanzen richtig pflegen willst?

66

zusammengesetzte Namenwörter; Begleiter

Was blüht denn da?

Ein Rätsel zum Lernen und Schreiben

Ich habe Zähne und keinen Mund.
Mein Stiel ist lang und hohl und rund.
Meine Blüten glänzen goldig fein.
Doch bald sind's Schirme mit Federlein.
Dran hängen und fliegen meine Samen.
Jetzt kennt ihr sicher meinen Namen.

1. Schreibe das Rätsel ab. Unterstreiche alle Namenwörter.

> Pflanzen haben Namen: Sonnenblume.
> **Namenwörter** schreiben wir mit **großen** Anfangsbuchstaben.

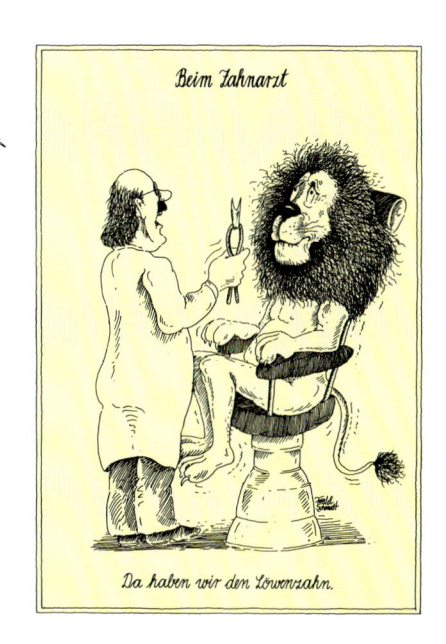

Was bedeuten die Namenwörter?

Sonnenblume, Fingerhut, Glockenblume, Maiglöckchen, Schlüsselblume, Schneeglöckchen, Schwertlilie, Feuerdorn, Frauenschuh, Storchenschnabel

2. Die Namen haben immer etwas mit dem Aussehen der Pflanzen zu tun.
   Was sagen dir die Namenwörter?
   Versuche, sie zu erklären.
3. Schreibe die Namenwörter mit dem bestimmten Begleiter auf:
   die Sonnenblume, der ...
4. Zerlege die zusammengesetzten Namenwörter:
   die Sonnenblume – die Sonne, die Blume
   der Fingerhut – ...
5. Nun kannst du lustige Blumennamen erfinden:
   der Sonnenfinger, die Hutblume, ...

Namenwörter; Wortbedeutung; Wiewörter; Silbentrennung

Was blüht denn da?

Wir sammeln Namenwörter

Birne, Kirsche, Pfirsich, Pflaume, Spinat, Apfel, Haselnuß, Stachelbeere, Rosenkohl, Brombeere, Himbeere, Kohlrabi, Bohne, Fenchel

1. Ordne die Pflanzen: Obst und Gemüse.
2. Dazu passen diese Wiewörter: saftig, dunkelrot, weich, säuerlich, rund, hart, behaart, süß, aromatisch, knackig, frisch, würzig, grün, wohlschmeckend.
   Schreibe auf:
   die saftige Birne, ...
3. Einige Wiewörter passen zu mehreren Namenwörtern. Schreibe auch so:
   die süße, saftige Kirsche, ...

Viele Frühlingsblumen

Schneeglöckchen	Schnee-	glöck-	chen
Buschwindröschen			
Schlüsselblume			
Narzisse			
Stiefmütterchen			

4. Zerlege die Namenwörter in Silben.
5. Suche und zerlege noch fünf Blumennamen.
6. Findest du die Namen der Frühlingsblumen auf dem Rand? Du mußt nur die richtigen Silben zusammensetzen.
   Schreibe die acht Blumennamen mit Begleitern auf. Schreibe so:
   Pri - mel – die Primel, ...
7. Erfinde selbst solch ein Pflanzensilbenrätsel.

Alphabet

Was blüht denn da?

Pflanzen pressen

Tina hat Pflanzen gepreßt und mit wenig Klebstoff auf Seiten aus einem großen Heft geklebt. Die Seiten hat sie dann gelocht und in ein Ringbuch gelegt. Darin hat sie die Pflanzen nach dem Abc geordnet.
Tina hat ihr Album in drei Gruppen geteilt: Von A–I, von J–Q und von R–Z.

1. Schreibe das Alphabet auswendig in großen und kleinen Buchstaben auf.
2. Welche Buchstaben gehören zwischen A und I, welche zwischen J und Q und welche zwischen R und Z?

Pflanzen einordnen

Flieder, Narzisse, Birne, Stiefmütterchen, Rose, Wicke, Maiglöckchen, Apfel, Zittergras, Kastanie, Löwenzahn, Christrose, Tulpe, Dahlie, Ulme, Iris, Quitte, Osterglocke, Efeu, Haselnuß, Petersilie, Gänseblümchen, Jasmin, Veilchen

3. Schau dir die Pflanzen in einem Lexikon an.
4. Schreibe die Pflanzennamen zu den richtigen Gruppen.

Gruppe 1	**Gruppe 2**	**Gruppe 3**
ABCDEFGHI	JKLMNOPQ	…
Flieder	Narzisse	…

5. In den drei Gruppen ordnest du die Pflanzennamen nach dem Alphabet:
   Apfel   Jasmin   Rose
   Bir..   Kasta..   Stief..
6. Schreibe ein Pflanzen-Abc:
   Apfel, Birne, …

A a	B b	C c
D d	E e	F f
G g	H h	I i
J j	K k	L l
M m	N n	O o
P p	Q q	R r
S s	T t	U u
V v	W w	X x
Y y	Z z	

erzählen; Programm zusammenstellen

Fernsehzeit

1. PROGRAMM

14.15 **Sesamstraße**

14.45 **ARD-Ratgeber:
Auto und Verkehr**

15.30 **Leben und Abenteuer des
Robinson Crusoe**

17.00 **Was Gott tut,
das ist wohlgetan**
Eine Bachkantate mit Wortverkündigung

    17.25 Familie Feuerstein
    19.00 Der doppelte Eugen
          Das Konfirmationsgeschenk und
          Das Kasperletheater
    19.26 Sportshop
    19.48 Landesschau

17.55 **Tagesschau**

18.00 **Die Sportschau**

19.58 **Heute im Ersten**

20.00 **Tagesschau/Wetter**

20.15 **Menschen, Tiere,
Sensationen**

21.45 **Ziehung der Lottozahlen**

21.50 **Tagesschau
Das Wort zum Sonntag**

22.05 **Das große Rennen
rund um die Welt**
Amerikanischer Spielfilm

2. PROGRAMM

14.47 **Heidi**
Heute: Eine stürmische Nacht

15.00 **Im Reich der wilden Tiere**

15.20 **Zugeschaut und mitgebaut**
Tips für junge Bastler

16.15 **Trickbonbons**
Heute in der Sendereihe:
Calimero und die Sonnenfinsternis

16.30 **Löwenzahn**
Heute in der Sendereihe für Kinder von
vier bis acht Jahren: Willis Familienalbum

17.05 **heute**

17.10 **Länderspiegel**
Informationen und Meinungen
aus der Bundesrepublik

18.00 **Vorsicht, Falle!**
Die Kriminalpolizei warnt:
Nepper, Schlepper, Bauernfänger

18.58 **ZDF – Ihr Programm**
Aktuelle Informationen zum
Abendprogramm

19.00 **heute**

19.30 **Ein zauberhaftes Biest**
Angie und die Abenteuer von Papa
Heute: Der Märchenfisch

20.15 **Wetten, daß ...?**

21.50 **Das aktuelle Sport-Studio**

23.05 **Thriller**
Heute: Die 250 000-Dollar-Puppe

0.15 **heute**

1. *Welche Sendungen hast du schon gesehen?
Erzähle.*
2. *Erzähle über deine Lieblingssendung.*
3. *Stelle dir ein Wunschprogramm auf.
Schreibe so:*
14.47 Uhr Heidi
... ...

ordnen; miteinander sprechen

Fernsehzeit

Eine Sendung für Kinder?

1. Am Rand findest du die Namen verschiedener Fernsehsendungen.
   Welche Sendungen würdest du gern sehen?
   Schreibe diese Sendungen auf.
2. Was meinst du: Welche Sendungen sind für Kinder? Welche für Erwachsene? Welche für alle?
   Schreibe so:
   Für Kinder: Löwenzahn
   Für Erwachsene: ...
   Für alle: ...
3. Bringt das Fernsehprogramm der letzten Woche mit.
   Schneidet die Titel der Sendungen aus, die ihr gesehen habt. Nun klebt ihr so:
   Montag: Trickfilmschau, ...
   Dienstag: ...
   ...   ...
4. Besprecht, welche Sendungen ihr in der nächsten Woche anschauen wollt.
   Versucht, für jeden Tag nur eine Sendung auszusuchen.
   Schreibe auf:
   Montag: 3. Programm 18 Uhr Sesamstraße
   Dienstag: ...

5. Male von deiner Lieblingssendung ein Bild.
   Erzähle eine Geschichte dazu.

Dingsda
Eins, zwei oder drei
Lassie
Sportschau
Heiteres Beruferaten
Tagesschau
Heidi
Derrick Report
Trickfilmschau
Expeditionen ins Tierreich
Alf
Biene Maja
Tatort
Wetten, daß ...?
Der große Preis
Na, so was!
Schlupp vom grünen Stern

zusammengesetzte Namenwörter; Ratespiele

Fernsehzeit

Ihr seid die „Montagsmaler"

Ein Kind malt zum Beispiel einen Hammer oder einen Löffel, ein Fenster, einen Brief, ein Rad, eine Brücke, einen Hund, eine Katze, eine Tanne, ein Bett oder eine Brille an die Tafel.

1. *Die anderen raten, was es sein soll. Wer es zuerst herausfindet, schreibt das gesuchte Wort an die Tafel. Dann malt er den nächsten Gegenstand.*
2. *Ihr könnt auch mit zusammengesetzten Namenwörtern spielen: Haustür, Fußball, Liederbuch, Gartenschlauch, Handschuh, Sonnenbrille, Briefkasten, Turmuhr.*
3. *Suche lustige zusammengesetzte Namenwörter. Schreibe sie auf.*

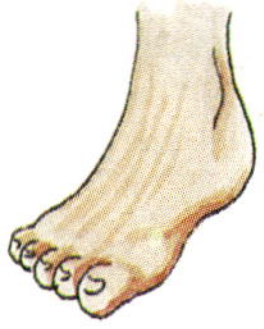

Liederquiz

Hier stehen neun Liedanfänge:
Alle Vögel sind schon da …
Fuchs, du hast die Gans gestohlen …
Ein Männlein steht im Walde …
Alle meine Entchen …
Der Mai ist gekommen …
Wer will fleißige Handwerker sehn …
Grün, grün, grün sind alle meine Kleider …
Hänsel und Gretel …
Kam der Igel zu der Katze …

4. *Ein Kind summt ein Lied oder malt etwas dazu. Wer es zuerst errät, darf weitermachen.*

Bildergeschichte; Geschichte erzählen, weiterführen; Lückentext

Fernsehzeit

Furi sieht fern

1. *Erzähle, was dem Drachen Furi beim Fernsehen passiert ist.*
2. *Was sagte Furi wohl, als er merkte, daß die Bananen weg waren?*
3. *Male das letzte Bild der Bildergeschichte ab. Zeichne vier Sprechblasen auf. Schreibe hinein, was Furi sagen könnte.*
4. *Erfinde noch eine unmögliche Geschichte.*

Auch Beppo mag Bananen

So können die Bananen auch verschwunden sein: Vielleicht hat Furis Freund, der Elefant Beppo, mit der Sache zu tun. Auch Elefanten können so leise in ein Zimmer schleichen, daß schlafende Drachen nichts davon merken. Mit seinem langen Rüssel ...

5. *Erzähle diese Geschichte weiter. Male dazu eine Bildergeschichte.*

Furi nimmt sich jetzt besser in acht

Die verschwundenen Bananen sind Furi eine Lehre. Wenn er sich jetzt vor den Fernseher ____, schläft er nicht mehr ein. Alle Viertelstunde ____ ein ____. Seine ____ bindet er sich an das ____ und macht eine ____ daran fest. Da kann niemand mehr kommen und ihm die Bananen ____. Oder doch?

6. *Setze die Wörter in die Geschichte ein: rasselt, Bananen, Glocke, setzt, Wecker, Bein, wegnehmen.*
7. *Schreibe die Geschichte jetzt vollständig auf.*

73

miteinander sprechen; darstellendes Spiel; Bildergeschichte erzählen

Fernsehzeit

Gleich kommt die Sportschau.

Ich möchte aber Marco sehen!

Du hast gestern Heidi gesehen. Deshalb will ich heute die Sportschau sehen.

Wenn ich jetzt Marco sehen darf, schauen wir das nächstemal die Sportschau an.

Das sage ich jetzt Mama!

Komm, wir spielen lieber was!

Streit ums Fernsehen?

Tim freut sich schon den ganzen Tag auf den Spielfilm, der um 18 Uhr im 3. Programm kommt. Er schaltet ein. Da kommt Tina und möchte die Sportschau sehen.

1. Was passiert jetzt wohl?
2. Schau dir die Sprechblasen an. Was verspricht Tim seiner Schwester Tina?
3. Spielt vor, wie Tim und Tina sich einigen.
4. Wie einigt ihr euch zu Hause?

Was ist besser als fernsehen?

Diese Frage haben wir Kindern gestellt.
Hier sind die Antworten:
Uta: Ich gehe viel lieber schwimmen.
Daniel: Tischtennis spielen.
Mirko: Kassetten hören.
Susanne: Mensch-ärgere-dich-nicht mit meinen Eltern spielen, das finde ich besser.

5. Euch fällt bestimmt noch mehr ein.
6. Jakob ist etwas ganz Besonderes eingefallen. Erzähle.

Jakob und sein Vergnügen

zusammengesetzte Zeitwörter

Fernsehzeit

Fußball im Fernsehen

Ein Fußballspiel wird im Fernsehen übertragen. Vater, Tim und Tina wollen es sich anschauen. Der Reporter benutzt häufig diese Wörter: anspielen, abspielen, zuspielen, vorspielen, hinspielen.

1. Erkläre den Unterschied zwischen diesen Wörtern.
2. Schreibe den Text ab. Unterstreiche die Zeitwörter, in denen das Wort „spielen" vorkommt.
3. Das Wort „spielen" ist mit |an| – |ab| – |zu| – |vor| – |hin| zusammengesetzt.
   Welche Wortbausteine passen noch zu „spielen"?
   |ein| – |her| – |unter| – |über| – |ver| – |weg| – |nach|
4. Schreibe so: *spielen*
   vorspielen
   abspielen
   Unterstreiche jetzt in jedem Wort den Wortstamm: *vorspielen*, ...
5. Setze die Wörter „sehen" und „zählen" mit den Wortbausteinen vom Randstreifen oben zusammen.
6. Welche Wortbausteine stecken in diesen Zeitwörtern: absprechen, ansprechen, aussprechen, besprechen, mitsprechen, nachsprechen, versprechen, vorsprechen?
   Schreibe die Wörter ab.
   Rahme die Wortbausteine ein:
   |an|*sprechen*, ...
7. Setze die Wortbausteine |be| und |er| mit den Zeitwörtern rechts zusammen.
   Welche der entstandenen Zeitwörter sind sinnvoll? Schreibe sie auf: *bekommen*, ...
8. Suche neue Wörter mit den Wortbausteinen auf dieser Seite. Schreibe sie auf.

Randstreifen:
sehen
|an| |aus| |zu|
|ein| |her| |vor|

zählen
|ab| |auf| |aus|
|nach| |vor| |ver|

|kommen| |arbeiten|
|antworten| |denken|
|essen| |danken|
|fallen| |brauchen|
|bleiben| |dürfen|

Bastelanleitung

Wir basteln und spielen

Wir falten einen Flieger

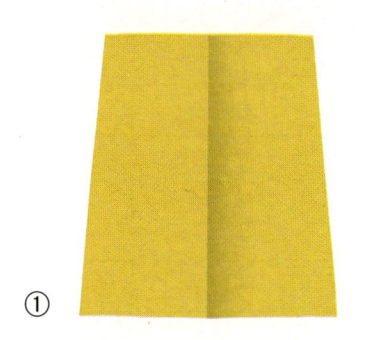

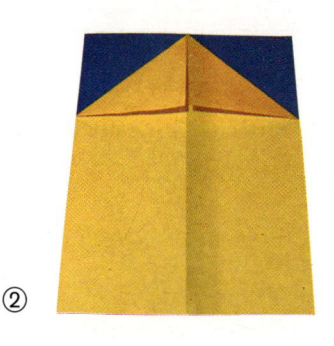

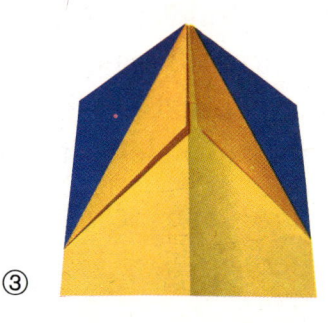

① ② ③

Material:
ein Blatt Papier, so groß wie eine Heftseite (DIN A 4)

Das tun wir:
① Papier in der Mitte der Länge nach falten
② Beide Ecken bis zur Mitte einbiegen und falten
③ Beide Ecken nochmals bis zur Mitte einbiegen und falten
④ Beide Ecken zum drittenmal bis zur Mitte einbiegen und falten
⑤ Papier umdrehen
⑥ in der Mitte in die andere Richtung falten und Flügel hochklappen

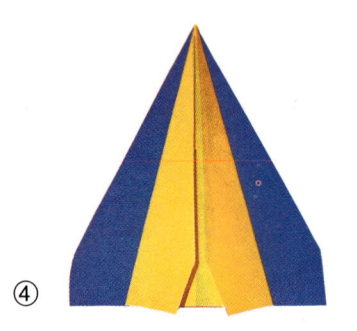

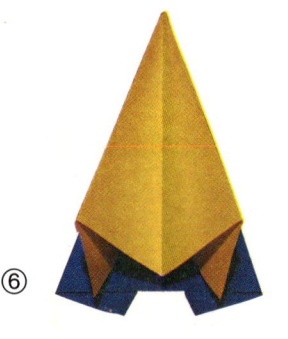

④ ⑤ ⑥

1. Damit der Flieger besser gleitet, könnt ihr am Ende unten eine Falte knicken.
   Nun malt jeder seinen Flieger so an, wie es ihm gefällt.
2. Schreibe die Bastelanleitung in Sätzen auf.
   Für den Flieger brauche ich ein Stück Papier.
   Es soll so groß sein wie eine große Heftseite.
   Zuerst falte ich das Papier in der Mitte der Länge nach …
   Danach … Nun … Als nächstes … Jetzt … Zum Schluß …

Aussagesätze; Satzglieder

Wir basteln und spielen

Der Flugwettbewerb

Die Flieger liegen nebeneinander auf der Startlinie. Achtung, fertig, los: Die Kinder nehmen ihre Flieger und schicken sie auf die Reise. Jochen gewinnt mit drei Metern Vorsprung vor dem zweiten. Ute staunt: Woran das wohl gelegen hat?

1. So kann man einen Flieger verbessern: festeres Papier verwenden, sorgfältig falten, Flieger vorne beschweren, Flügel umknicken, …
Schreibe auf, wie du deinen Flieger verbesserst:
Ich verwende dickeres Papier …

Jeder fliegt anders

Zeitwörter: *herumsausen, herabstürzen, losrasen, landen, umherfliegen,*

Namenwörter: *der Hubschrauber, die Rakete, die Schwalbe, der Kolibri, die Möwe*

2. Schreibe auf ein Blatt Sätze mit diesen Wörtern. Male die Namenwörter und die Begleiter grün, die Zeitwörter rot an.

   [*Der Hubschrauber*] [*saust herum.*]

   Wie heißen die Sätze deines Nachbarn?

3. Jetzt zerschneidest du deine Sätze in Streifen:

   [*Die Rakete*] [*rast los.*]

   [*Die Möwe*] [*landet.*]

4. Aus den Streifen kannst du neue Sätze legen. Klebe sie auf, und schreibe sie ab.

   [*Die Möwe*] [*rast los.*]

   [*Die Rakete*] [*landet.*]

5. Findest du noch weitere Sätze?

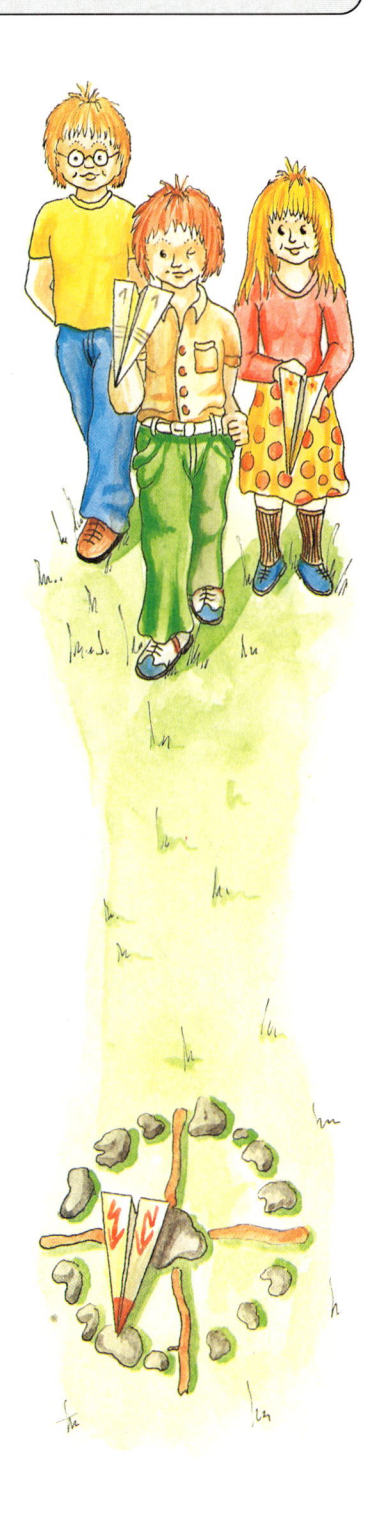

Anleitung; darstellendes Spiel

Wir basteln und spielen

Ein Rezept für Seifenblasen

① Du reibst Seife in ein Schälchen mit Wasser. ② Nun rührst du mit einem Strohhalm sorgfältig um. ③ In das Seifenwasser tauchst du den Halm. ④ Du nimmst ihn wieder heraus und bläst vorsichtig Luft hindurch. ⑤ Blasen entstehen und werden größer. ⑥ Sie lösen sich vom Röhrchen und schweben durch die Luft, bis sie zerplatzen.

1. Schreibe den Text wie eine richtige Anleitung auf:
   Material:
   Seife, Schälchen, Wasser, Strohhalm, Reibe
   Das tun wir:
   Seife in Schälchen mit Wasser reiben.
   Sorgfältig …
2. Zeichne auch passende Bilder dazu.

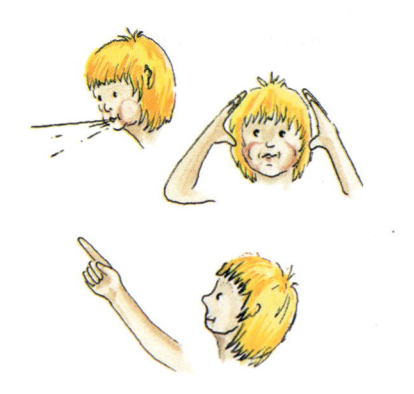

Pantomime

Diese Geschichte kannst du ohne Worte spielen. Die anderen sollen erkennen, was du darstellst: Du machst Seifenblasen. Eine Blase wird groß und immer größer. Sie steigt langsam in den Himmel, hoch und höher. Du schaust ihr nach …

Alle Vögel fliegen hoch

Alle Kinder trommeln mit beiden Zeigefingern auf den Tisch. Einer von euch sagt: Alle Vögel fliegen hoch – die Flugzeuge, und alle heben die Arme hoch. Wer zu spät streckt, scheidet aus. – Wieder trommeln. Und jetzt? Alle Vögel fliegen hoch – die Füller. Wer jetzt die Arme hebt, muß ausscheiden. Wechselt euch ab.

Mitlautverdopplung; Diktat

Wir basteln und spielen

Im Flugzeug

Anna und Otto fliegen mit ihren Eltern zu Tante Ulla nach Amerika. Unterwegs spielen Anna und Otto „Reimwörter suchen". Anna sagt ein Wort, Otto nennt ein Reimwort. Diese Wörter sind den beiden eingefallen:

Mutter, Mittwoch, bitten, Futter, mitten, Butter, Wetter,
sollen, bellen, still, hell, Müll, schnell, rollen, Roller, stellen,
kann, können, wann, brennen, Sonne, nennen, offen, Schiff, hoffen, Riff,
laßt, paßt, Messer, müssen, besser, Wasser, fassen, Kasse, passen, messen, lassen, essen, Himmel, immer, kommen, Zimmer

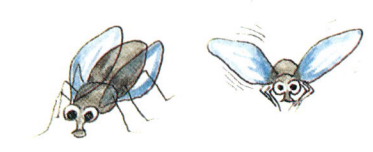

1. Spiele das Spiel mit deinem Partner nach.
2. Schreibe die Reimwortpaare auf.
   Kreise die doppelten Mitlaute grün ein.
3. Welche Wörter bleiben übrig?
4. Suche in der Wörterliste (S. 108-111) zehn weitere Wörter mit doppeltem Mitlaut.

Fliegenspruch: f oder F?

Wenn hinter _liegen _liegen _liegen, _liegen _liegen _liegen nach.

Nach der Landung

Tante Ulla und Onkel Hannes holen Mutter, Vater, Anna und Otto ab. Mutter schaut zum Himmel und sagt: Es ist ein tolles Wetter. Bei uns hat die Sonne schon lange nicht mehr so warm geschienen. Anna nimmt ihre Puppe fest unter den Arm, und die ganze Gruppe geht zum Mittagessen.

5. Partnerdiktat.
6. Prüft, ob ihr alles richtig habt. Wie?
   Anschauen – merken – vergleichen – verbessern.

spielen mit Wörtern: Namenwörter

Wir basteln und spielen

Auf der Mau-er, auf der Lau-er sitzt 'ne klei-ne Wan-ze.
Seht euch nur die Wan-ze an, wie die Wan-ze tan-zen kann!
Auf der Mau-er, auf der Lau-er sitzt 'ne klei-ne Wan-ze.

tanzen	Wanzen
tanze	Wanze
tanz	Wanz
tan	Wan
ta	Wa
t	W

1. Singt und spielt das Lied.
2. Lasse die Wörter „Rose" und „Blume" in deinem Heft auch kleiner werden.
3. Suche dir weitere Wörter aus.

Verwandlungszauber

So wird aus: Haus – Laut
und aus: Haus – Land

H	A	U	S
L	A	U	S
L	A	U	T

H	A	U	S
H	A	N	S
H	A	N	D
L	A	N	D

4. Und wie wird aus Haus – Wand,
   aus Wand – Wald,
   aus Wald – Ring,
   aus Mehl – Haus?

Du darfst immer nur einen Buchstaben in jeder Zeile austauschen. Übertrage in dein Heft.

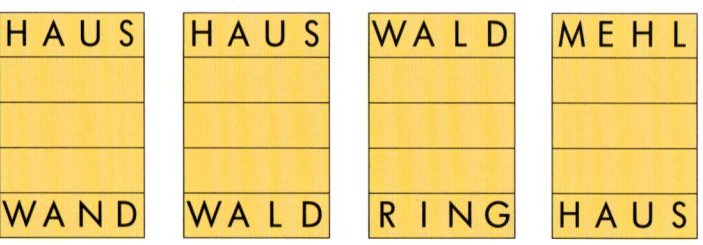

H A U S	H A U S	W A L D	M E H L
W A N D	W A L D	R I N G	H A U S

5. Wie wird aus Maus – Hund?

Spiele mit Namenwörtern: Wiewörter; Oberbegriffe

Wir basteln und spielen

... und das ist rot

Viele von euch kennen das Spiel: Ich sehe was, was du nicht siehst. Spielt es in der Klasse.

1. *Schreibe alle geratenen Gegenstände mit einem passenden Wiewort auf. Zum Beispiel:*
   die grüne Tafel, die weiße Kreide,
   Jochens blauer Pullover, ...
2. *Unterstreiche die Wiewörter.*

Wörterkette

Einer sagt ein Namenwort, zum Beispiel: Daumen. Der nächste sagt ein neues Wort. Es soll mit dem letzten Buchstaben des Wortes vorher beginnen.
Also: Daume**n**, **N**orber**t**, **T**op**f**, **F**isch, ...

3. *Spielt das Wortkettenspiel.*
4. *Macht das Spiel auch schriftlich. Welche Gruppe findet die meisten Wörter?*

Wörter mit dem gleichen Anfangsbuchstaben

Lege auf einem großen Blatt (DIN A 4) eine Tabelle mit den Überschriften wie unten an.
Einer sagt laut A und spricht leise für sich weiter im Alphabet, bis ein anderer Mitschüler stop! ruft. Der Buchstabe, bei dem der erste jetzt angekommen ist, wird laut gesagt, zum Beispiel: H.

5. *Wer findet die meisten Wörter mit diesem Anfangsbuchstaben?*

Vorname	Kleidung	Pflanze	Tier
Hans	*Hose*	*Hafer*	*Hase*
...	...	...	...

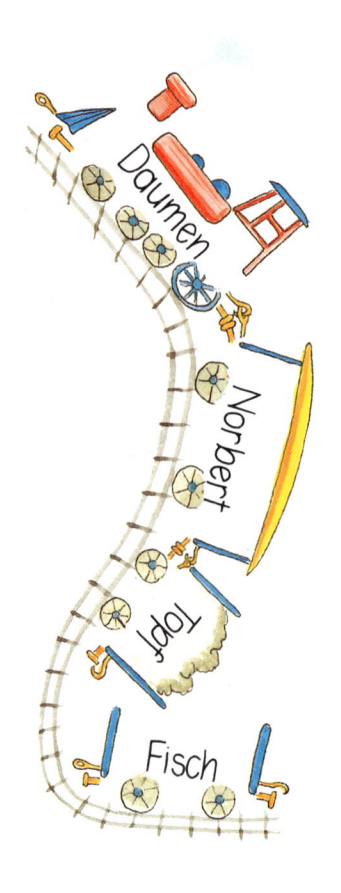

zu einem Bild erzählen; Geschichte weiterführen

Zirkus, Zirkus

Der kleine Stationsvorsteher und der Zirkuszug

Einmal fährt ein ganz besonderer Zug in die Bahnstation ein. Es ist ein Zug voller Tiere. In einem Wagen sitzen Affen. Sie tragen rote und blaue Jäckchen und schauen ernsthaft zum Fenster hinaus. In einem anderen Abteil hockt eine Eisbärenmama mit ihrem Eisbärenbaby. Da sind Ponys, Seehunde, Löwen, Tiger und Elefanten. Und ganz hinten, am Ende des Zuges, fährt eine Giraffe mit, die so groß ist, daß der kleine Stationsvorsteher den Kopf in den Nacken legen muß, um sie ganz zu sehen. „Guten Tag!" sagt ein regenbogenbunter

zu einem Bild erzählen; Geschichte weiterführen

Zirkus, Zirkus

Clown und springt aus seinem Wagen. „Wir sind ein Zirkus auf der Durchreise." Er läuft den Bahnsteig entlang und schaut nach seinen Tieren. „Alles in Ordnung!" ruft er. Doch anstatt nun das Abfahrtssignal für den Zug zu geben, macht der kleine Stationsvorsteher ein äußerst bedenkliches Gesicht.

„Mit der Giraffe kommt ihr nicht unter der Brücke hindurch", meint er …

Gina Ruck-Pauquèt

1. Wie geht die Geschichte weiter?
2. Wer war noch im Zug?
   Das Zirkusplakat verrät es euch.

Informationen einholen; Fragen stellen; Fragesätze; Satzglieder

Zirkus, Zirkus

Was fressen die Elefanten?

In der Pause eilen Tim und Tina zur Tierschau. Sie wollen die zwölf Elefanten sehen. In einem großen Zelt stehen die Elefanten nebeneinander. Sie schaukeln hin und her. Jeder Elefant ist angebunden. Der Elefantenwärter füttert gerade das Elefantenkind. Tim und Tina schauen zu und fragen: Was fressen die Elefanten? Wie schwer ist der größte Elefant? Woher …? Wann …?

1. *Was würdet ihr fragen?*
   Spielt das Gespräch zwischen Tim, Tina und dem Wärter.
2. *Ihr wollt sicher noch mehr wissen. Jeder schreibt seine Fragen auf. Denkt dabei auch an die Namen der Tiere, an den Abbau des Zirkus, die Reise zum nächsten Ort, an Krankheiten, an die Dressur …*
3. *Rahme in deinen Sätzen das Fragezeichen gelb ein.* ?

Was hören Tim und Tina?

Die Löwen zischen. Die Bären keifen. Die Schlangen wiehern. Die Pferde brüllen. Die Affen fauchen. Und die Tiger brummen.

4. *Stimmt das? Schreibe die Sätze richtig auf:*
   Die Löwen brüllen. …
   Rahme die Zeitwörter rot ein und die Namenwörter mit ihren Begleitern grün.
5. *Stelle ein Wortpuzzle her.*

Brüllen	die Löwen	?
Zischen	die Schlangen	?
Wiehern	die Pferde	?

6. *Schneide die Puzzleteile aus, und lege drei lustige Fragesätze:*

   | Zischen | die Löwen | ? |

Namenwörter; zusammengesetzte Namenwörter; Silbentrennung

Zirkus, Zirkus

Fastnacht der Tiere

Was machen die Tiere an Karneval?
Sie machen einen Faschingsball!
Wie das geht? Seht:
Der Hahn geht als Fliege,
die Fliege als _iege,
die Ziege als Löwe,
der Löwe als _öwe,
die Möwe als Laus,
die Laus als _aus,
die Maus als Katz,
die Katz als _atz,
der Spatz als Fuchs,
der Fuchs als _uchs,
der Luchs als Schwan,
der Schwan als _ahn –
jetzt geht der Ball von vorne an!

Brigitte Wächter

Wir verzaubern Tiere und Wörter

1. Aus eins mach zwei, aus zwei mach eins.
   Elefant und Maus – die Elefantenmaus,
   Löwe und Fisch – der …
2. Regenwurm und Eisbär – Regenbär und
   Eiswurm, Nilpferd und Kohlmeise – …
3. Wir trennen nach Sprechsilben und fügen neu
   zusammen:
   Kro - ko - dil und Ele - fant: Krokofant und
   Eledil, Ka - mel und Fla - min - go: …

Alphabet

Rechtschreibkurs

Wie kommt die Maus zum Käse?

*Die Buchstaben am Wegrand führen dich zum Ziel.
Du brauchst ihnen nur in der Reihenfolge des Abc zu folgen.*

Alphabet; Namen; abschreiben; Diktat

Rechtschreibkurs zu S. 4–9

Welcher Name kommt zuerst?

Nicola	Thomas	Gabriele	Doris
Klaus	Jochen	Bernd	Mario
Sascha	Vera	Esther	Claudia
Werner	Petra	Heike	Andreas

1. Schreibe die Namen auf kleine Zettel.
   Kreise die Anfangsbuchstaben ein.
2. Ordne die Zettel nach dem Abc.
   Klebe die Wörter dann auf.
3. Schreibe die Wörter in dein Heft.

Reimwörter

kaufen – l___, machen – l___, geben – h___,
alt – k___, gehen – st___, Hund – M___,
Haus – M___, zwei – dr___, fragt – s___,
den – w___, wir – d___, Tür – f___,
Zeit – w___, nennen – k___, Wind – K___

4. Sprich die Reimwörter deutlich aus.
5. Diktiert euch die Wörter gegenseitig.

Richtig abschreiben

Zwei Flöhe kommen aus dem Kino.
Der eine Floh fragt den anderen:
Was machen wir? Gehen wir zu Fuß?
Oder nehmen wir uns einen Hund?

6. Schreibe den Text ab:
   – Schau jedes Wort genau an.
   – Sprich es leise vor dich hin, und merke es dir.
   – Schreibe es aus dem Gedächtnis auf.
   – Vergleiche dein Wort mit dem vorgeschriebenen Wort.
7. Laß dir den Text diktieren.

Selbstlaute; Großschreibung

Rechtschreibkurs zu S. 10–15

Selbstlaute

Buch, Klasse, Kopf, Schwanz, Ohren, Mund, Himmel, bellen, jeder, Zug, Name, Fuß, folgen

1. Schreibe die Wörter auf.
   Kreise die Selbstlaute farbig ein: Pf(o)t(e)n, …

Zaubern mit Selbstlauten

Aus (a) wird (i)
Satz, Tante, an

Aus (i) wird (o)
Wirt, dich, Blick

Aus (u) wird (a)
Hund, Fuß, Schule

Aus (e) wird (i)
setzen, wer, der

2. Tausche die Selbstlaute aus, und schreibe die Wörter auf:
   der Satz – der Sitz, …

3. Findest du selbst solche Zauberwörter?
   Schau dir die Bilder an.

Tiere haben Namen

REH   HASE   KUH   UHU   WOLF   STIER
SCHWEIN   SCHAF   ZIEGE   AMSEL

4. Schreibe die Wörter ab. So: das Reh, …
5. Schreibe die Tiere in der Mehrzahl auf: die Rehe, …
6. Die Wörterschlange hat zehn Tiere gefressen. Schreibe auf, welche es sind.
7. Schreibe die Namenwörter aus der Wörterschlange in der Mehrzahl auf: die Mäuse, …
8. Ein paar Tiere haben sich zwischen Buchstaben versteckt. Die Schlange hat sie nicht gefunden. Findest du sie?
   Schreibe sie auf, und kreise die Selbstlaute ein.

```
O N Y W R E W A L S I T B
F I G E L O S F R O S C H
C E Q R E G E N W U R M G
M A E K U H B W M E L I T
B A U M E D K A T Z E S C
A F L I E G E O R U D H N
```

Alphabet; Diktat

Rechtschreibkurs zu S. 10–15

Welcher Buchstabe kommt davor, danach, dazwischen?

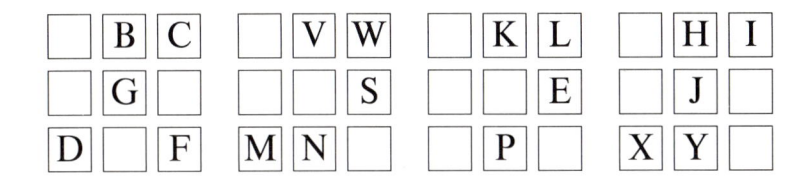

	B	C		V	W		K	L		H	I
	G				S			E		J	
D	F		M	N			P		X	Y	

1. Schreibe ab. Ergänze die fehlenden Buchstaben.

Welcher Buchstabe paßt nicht?

A	C	D	E	F	H	I	K	L	M	O	P
Q	S	T	X	Y	A	V	W	Y	N	R	S
B	C	E	H	I	O	J	L	M	K	N	M

*2. Die grauen Kästchen enthalten falsche Buchstaben. Welche müssen dort stehen?
Schreibe auf, und prüfe mit dem Alphabet auf Seite 87 nach.*

Arko

Axel hat einen kleinen Hun(d) beko(mm)en. Er ne(nn)t (ih)n Arko. Arko ist braun und hat einen ku(rz)en Schwa(nz). Axel hat Arko s(eh)r gern.

3. Lies den Text, und schreibe ihn ab.
*4. Schau dir die Wörter mit den eingekreisten Buchstaben genau an.
   Schreibe diese Wörter noch einmal farbig ab.*
5. Laß dir den Text diktieren.
6. Prüfe, ob du alles richtig geschrieben hast.

Namenwörter schreiben wir **groß**.

Großschreibung; Diktat

Rechtschreibkurs zu S. 16–21

P oder p? S oder s?

Peter und Susanne singen gern.
Andrea Fuchs kann schon gut lesen.
Sandra Frank rechnet schnell.
Rolf malt schön.
Nur Carola paßt manchmal noch nicht auf.

1. *Schreibe alle Namen aus dem Text heraus. Kreise die Anfangsbuchstaben farbig ein.*

Namen schreiben wir mit **großen** Anfangsbuchstaben: Peter.

Das neue Rad

Annas Bruder heißt Uli. Uli erzählt in der Schule: Anna hat ein neues Rad bekommen. Sie ist sehr stolz darauf. Anna kann schon freihändig fahren. Thomas meint: Aber dabei kann man leicht stürzen.

2. *Schreibe den Text ab. Unterstreiche die Punkte. Kreise das Wort nach dem Punkt ein.*
3. *Die Geschichte geht weiter. Findest du die Punkte allein?*

Wir erzählen oder berichten in **Aussagesätzen**. Nach einem Aussagesatz steht immer ein **Punkt**.

Anna wird nachdenklich Das hat sie sich noch nicht überlegt Sie wird jetzt nicht mehr leichtsinnig fahren Einmal möchte sie auch mit dem Rad zur Schule kommen

Am **Satzanfang** schreiben wir **groß**.

Auf dem Schulweg

Anna sieht viele Kinder, viele Häuser und eine Menge Autos Sie hat einen weiten Weg zur Schule Sie muß ihn oft zu Fuß gehen

4. *Lies den Text. Wo machst du Pausen?*
5. *Schreibe den Text mit Punkten auf.*
6. *Diktiert euch den Text gegenseitig.*

Großschreibung; Diktat; Selbstlaute; Mitlaute

Rechtschreibkurs zu S. 16–21

Sicher durch den Verkehr

__it ihrem __ater und ihrer __utter hat __nna oft geübt. __o kommt sie sicher zur Schule.

1. Setze diese Buchstaben ein: V, M, A, M, S.
2. Partnerdiktat.

An der Ampel

Das Licht ist rot – wir bleiben stehen – das Licht wird grün – wir schauen nach links und nach rechts – die Autos halten – wir dürfen gehen.

3. Sprich die Sätze, und schreibe sie auf. Wo schreibst du groß? Wo setzt du einen Punkt?

a: H__nd, h__lten, fr__gen, K__tze, M__nn, R__nd, T__g

e: W__g, g__lb, Pf__rd, M__nge, R´__gen, tr__ffen, w__r

i: L__cht, K__nd, __ch, T__sch, m__t, s__tzen, w__r

o: r__t, Aut__, R__ller, v__r, l__s, gr__ß

u: R__f, F__gänger, z__, L__ft, g__t, H__nd

5. Lies die Wörter, und ergänze die Selbstlaute.
6. Schreibe die Wörter vollständig auf.

Wo sind die Selbstlaute?

Dorf, Ort, Ball, Bild, dort, falsch, danken, eng, fallen, fehlen, finden, das, du, morgen, dich, haben, gut, bitten, bist, er, wir, Uhr, Ohr

7. Sprich die Wörter deutlich.
8. Schreibe sie ab. Kreise die Selbstlaute ein.
9. Ordne nach der Silbenzahl.

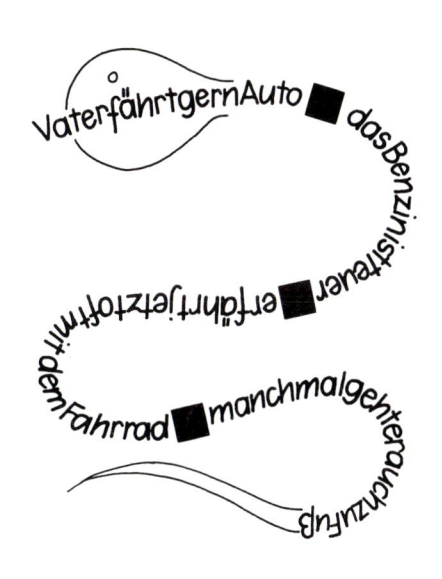

Ein Bandwurm

(VaterfährtgernAuto ■ dasBenzinistteuer ■ erfährtjetztoftmitdemFahrrad ■ manchmalgehteraucheinStück zuFuß)

4. Schreibe die vier versteckten Sätze mit Punkten auf. Welche Wörter mußt du auch groß schreiben?

A, e, i, o, u sind **Selbstlaute**.

A	a	B	b	C	c
D	d	E	e	F	f
G	g	H	h	I	i
J	j	K	k	L	l
M	m	N	n	O	o
P	p	Q	q	R	r
S	s	T	t	U	u
V	v	W	w	X	x
Y	y	Z	z		

Alle anderen Buchstaben des Alphabets heißen **Mitlaute**.

b/p, d/t, g/k im Anlaut; Einzahl, Mehrzahl; Umlaute

Rechtschreibkurs zu S. 22–27

Reimwörter

Bein, Bild, Blatt, Buch, bleich, mild, Wein, glatt, Tuch, gleich, passen, Preis, Platz, Puppe, Kreis, Schatz, Suppe, fassen

der, dir, die, dort, sie, fort, wer, mir, Tag, Tisch, tragen, Tier, Fisch, mag, vier, fragen

gehen, gut, geben, Wut, wehen, heben, Kind, kaufen, Kopf, Katze, laufen, Kind, Topf, Tatze

1. Sprich die Wörter deutlich aus.
2. Schreibe die Reimwörter so auf: *Bein, …*
   Wein, …

Einzahl, Mehrzahl und Umlaute

ein Fuß   – viele Füße
ein B_____ – viele Bücher
ein Vogel   – viele _____
ein Turm   – viele _____
ein _____ – viele Öfen
ein Kopf   – viele _____
ein _____ – viele Äste
ein Apfel   – viele _____
ein _____ – viele Blätter
ein Mann   – viele _____
ein _____ – viele Räder

Aber:
ein Auto   – viele _____
ein Auge   – viele _____
ein _____ – viele Brote
eine _____ – viele Puppen
ein Mädchen – viele _____
ein Hund   – viele _____

Ä, ö, ü sind Umlaute.

3. Schreibe so auf: *ein Fuß – viele Füße, …*

Selbstlaute; Mitlaute; Zeitwörter

Rechtschreibkurs zu S. 22–27

Selbstlaute und Mitlaute

1. *Schreibe die Buchstaben des Alphabets.*
2. *Kreise die Mitlaute ein:* A, B, C ...
3. *Schreibe die Selbstlaute noch einmal.*

> A, e, i, o, u sind **Selbstlaute**. Alle anderen Buchstaben des Alphabets sind **Mitlaute**.

Aus Schlaf wird Schaf

der Schlaf	das Schaf
der Schlüssel	die Sch____
der Rand	das R____
der Knopf	der K____
der Eimer	die E____
das Band	das B____

4. *Schreibe die neuen Wörter auf. Welche Buchstaben sind weggefallen?*
5. *Hast du die neuen Wörter richtig geschrieben?*
   (Schaf, Schlüssel, Rad, Kopf, Eier, Bad)

Mit unseren Beinen und Füßen gehen wir

6. *Welche Zeitwörter sagen, wie man geht? Schreibe sie auf!*
7. *Wer kann das vormachen: rennen, schreiten, latschen?*
8. *Ordne:* langsam gehen: spazieren, ...
   schnell gehen: rennen, ...
   besonders gehen: trippeln, ...
9. *Schreibe die Zeitwörter auf, die nicht zu „gehen" gehören. Kreise die Mitlaute grün, die Selbstlaute blau ein.*

rennen, sollen, trippeln, schlurfen, bummeln, sausen, stolpern, machen, halten, hören, watscheln, marschieren, latschen, fahren, laufen, finden, haben, stelzen, arbeiten, schreiten, weinen, flitzen, spazieren, fliegen

Großschreibung; Diktat

Rechtschreibkurs zu S. 28–33

Wir verkleiden uns

① Rolf – August – dumme – ist – der

Frau – ①Tina – alte – spielt – eine

Vogel – wird – großer – ①Petra – ein

①Der – Simon – kleine – spielt – den – Kasper

①Sandra – böse – kommt – Königin – als

①Tim – Mädchen – ist – feine – das

1. Bilde Sätze: ① ist immer das erste Wort.
   Schreibe so:
   Rolf ist der dumme August. Tina ...

2. Rahme alle Namen und Namenwörter grün ein.

   ｜Rolf｜ ｜August｜ ｜Tina｜ ｜Frau｜

3. Wie heißen die Begleiter? Rahme sie auch grün ein.

4. Partnerdiktat.

5. Schreibe die Sätze als Fragesätze auf:
   Ist Rolf der dumme August?
   Spielt ...?

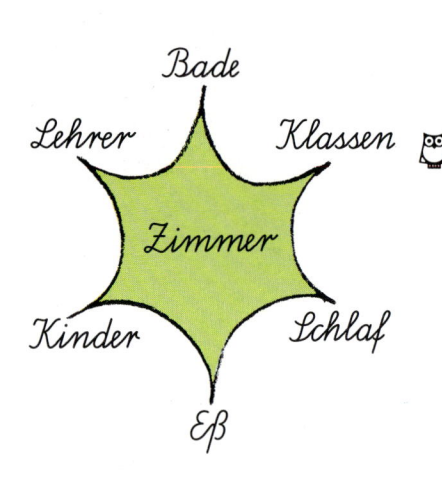

Wo spielen wir?

wohnen – spielen – schlafen – waschen – essen – rechnen – schreiben – lesen

7. Schreibe Sätze mit den Zeitwörtern und den Namenwörtern aus dem Wortstern auf. Verwende auch diese Wörter: ich, du, wir, die Eltern.
   Ich rechne im Klassenzimmer.
   Du ...

Nach einem **Fragesatz** steht ein **Fragezeichen**.

Wortstern: Bade – Lehrer – Klassen – Zimmer – Kinder – Schlaf – Eß

Viele Zimmer

6. Setze die Wörter vom Rand zusammen, und schreibe sie mit ihren Begleitern auf:
   das Klassenzimmer, ...

Wortbedeutung; Wortbausteine; Wörterbuch; w, f im Anlaut

Rechtschreibkurs zu S. 28–33

Unsinnsätze

Ich <u>bleibe</u> gern zur Schule. Du <u>liest</u> mit dem Ball. Er <u>malt</u> in das Wasser. Sie <u>spielt</u> in einem Buch. Wir <u>schreiben</u> um den See. Ihr <u>springt</u> ein Bild. Sie rennen in das Heft.

Tafel: gehe, spielst, springt, liest, laufen, malt, schreiben

1. Schreibe die Sätze richtig auf.
   Tausche das unterstrichene Zeitwort aus.
   Benutze die Tafelwörter:
   Ich gehe gern zur Schule. …
2. Laß dir den richtigen Text diktieren.
   Suche eine Überschrift.

| ab | an | auf |
| aus | vor | ver |

Wie stehen die Wörter im Wörterbuch?

liebt, lachst, hört, zeigt, trägt, trifft, kann, singt, liest, geht, tritt, tut, sollst, muß, brauchst, spricht, hält, bringt, erlaubt, möchte, schläft, schlägst

3. Schreibe so auf:
   *liebt – lieben,
   lachst – …*
4. Setze die Grundformen der Zeitwörter aus Aufgabe 3 mit diesen Wortbausteinen zusammen:

   | ab | an | auf | aus | vor | ver |

5. Suche in der Wörterliste (S. 108–111) noch zehn Zeitwörter.
   Welche kannst du mit Wortbausteinen aus Aufgabe 4 zusammensetzen?
6. Ordne nach dem Alphabet:
   warten, suchen, reden, lernen, helfen, erzählen, bringen, antworten, mögen, folgen.

Sprechblase: Wagen für weit Wind Frau fein wollen fest wohnen finden fliegen wer warum

Reimwörter

Kind, Magen, darum, lohnen, sollen, seit, der, blau, Tür, dein, Rest, binden, kriegen

7. Zu jedem dieser Wörter findest du in dem blauen Feld ein Reimwort mit **W/w** oder **F/f** am Anfang.
   Schreibe auf:
   Kind – Wind, …

au, ei, eu

Rechtschreibkurs zu S. 34–39

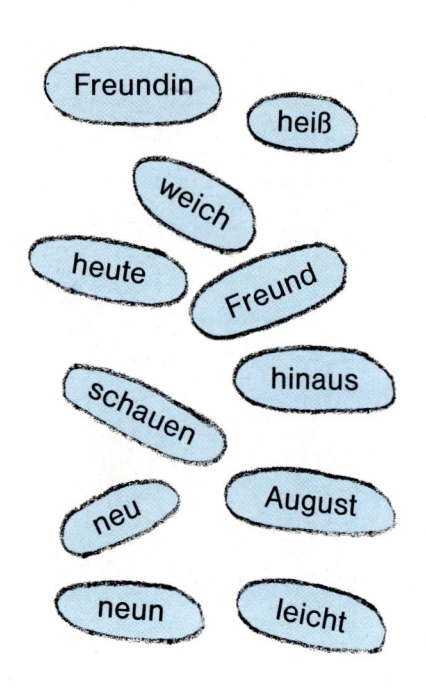

Freundin, heiß, weich, heute, Freund, schauen, hinaus, neu, August, neun, leicht

Wörter mit au, ei und eu

Das Gegenteil von alt ist: _____
Das Gegenteil von kalt ist: _____
Das Gegenteil von hart ist: _____
Das Gegenteil von schwer ist: _____
Das Gegenteil von hinein ist: _____
Acht plus eins ist: _____
Anderes Wort für sehen: _____
Nach dem Juli kommt der: _____
Sie hat man gern: eine _____
Ihn hat man gern: einen _____
Kommt vor morgen: _____

1. Schreibe die gesuchten Wörter auf.
   Mit den Wörtern links prüfst du deine Lösung.

laufen, tauchen, sehen, Raum, scheinen, Zaun, einen, teuer, Maus, Teich, bauen, Bein, grau, Heu, weiß, Leute, Seil, seicht, keins, zwei, reich, Bauch, raucht, mein

kaufen, brauchen, verstehen, Baum, braun, meinen, Feuer, keinen, blau, gleich, Haus, Frauen, heiß, neu, dein, heute, Teil, leicht, weich, drei, eins, auch, braucht, sein

2. Ordne die Reimwörter zu. Schreibe sie untereinander auf. Unterstreiche die Wortteile, die sich reimen: *laufen   tauchen*
   kaufen   brauchen

3. Maus, Zaun, Frau, Auto, Bein, Daumen, August, Flugzeug, Baum, Zeit, Eis, Ei, Auge, Freund, Stein, Angel, Reifen, Seife:
   Welche Wörter gehören zu den Bildern?
   Schreibe sie mit den unbestimmten Begleitern auf: *ein ...,*

ie und ei; Silben; i

Rechtschreibkurs zu S. 40–45

Wörter sammeln

Solche Wörter sammelt Liese:
Spiel, viel, liest und Wiese,
sie, die, liebt und fliegen,
Dienstag, wie, vier und siegen.

Solche Wörter sammelt Heiner:
bei, einfach, greifen, hinein, fein und keiner,
leider, Reihe, reisen, Seite, mein, nein und weiß,
ihr seid, teilen, seinem, klein und heiß.

1. Lies alle Wörter zweimal vor.
2. Warum sammeln Liese und Heiner diese Wörter?
3. Schreibe die Wörter für Liese und Heiner ab.
   Liese: Spiel, viel, …
   Heiner: bei, einfach, …
4. Kreise alle (ie) rot ein.
   Wie klingt das **i**?
5. Kreise alle (ei) blau ein.
6. Zu wem gehören diese Wörter?
   Schreibe sie zu Liese oder Heiner:
   Brief, kein, dein, lieben, scheinen, sieben, schreien, sein, nie, spielen, weil, Teil, tief, Tier, seinen, viele, seit, hier, Freitag, fliegt.

Bei Wörtern mit ie wird **i lang** gesprochen.

Wörter mit ie und Wörter mit i

7. Setze die Silben vom Rand richtig zusammen.
   Schreibe sie auf:
   fliegen, …
8. Kreise (ie) rot ein.
9. Lies diese Wörter:
   Bild, Kind, innen, immer, bitten, Himmel, Schiff, still, wissen, willst, Zimmer.
   Wie klingt hier das **i**?
10. Schreibe auch diese Wörter ab.

flie-	-ben
lie-	-fe
Brie-	-gen
wie-	-le
Spie-	-gen

Diens-	-ben
sie-	-tag
Tie-	-gen
sie-	-se
Wie-	-re

Diktat; t am Wortende

Rechtschreibkurs zu S. 46–51

Der kleine Wassermann

Der kleine Wassermann schwimmt unter Wasser. Unterwegs trifft er viele Fische. Die großen und die kleinen Fische begrüßen ihn freundlich. Sie mögen ihn gerne leiden. Plötzlich sieht er einen Angelhaken. Das bedeutet Gefahr. Der kleine Wassermann warnt alle Fische. Nun geschieht kein Unglück mehr.

1. Lies den Text.
2. Sprecht über das Verhalten des kleinen Wassermannes.
3. Schreibe den Text ab.
4. Schreibe heraus:
   Zeitwörter: schwimmt, ...
   Namenwörter: Wassermann, ...
   Wiewörter: kleine, ...
5. Suche dir fünf Zeitwörter heraus. Schreibe so:
   schwimmen – schwimmt, treffen – trifft, ...

Welcher Monat fehlt?

Tina fragt Tim: Kennst du alle Monate? Tim zählt auf: Januar, März, April, Mai, Juni, Juli, August, September, Oktober, November, Dezember.
Tina zählt mit und sagt: Das waren nur elf. Welcher Monat fehlt?

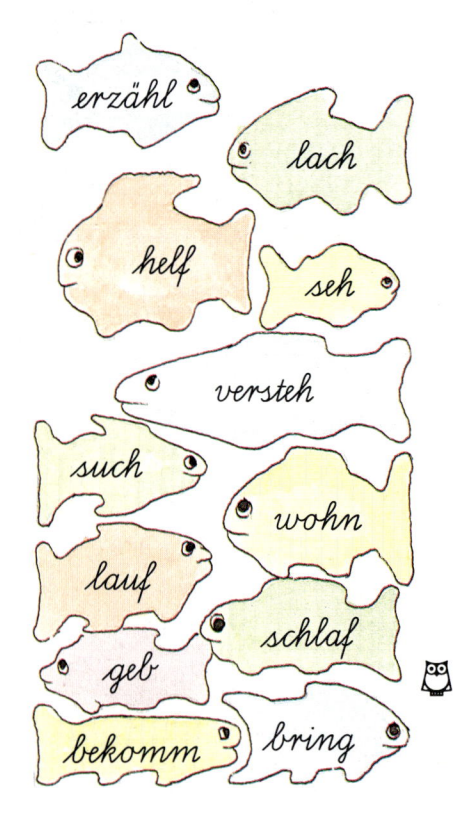

6. Schreibe den Text ab.
   Füge den fehlenden Monat ein.
7. Schreibe alle Zeitwörter: fehlt – fehlen, ...
   und alle Namenwörter auf: der Monat, ...
8. Laß dir den Text diktieren.
9. Die Fische auf dem Rand haben Teile von Zeitwörtern verschluckt.
   Wie heißen die Zeitwörter vollständig?

Fische am Rand: erzähl, lach, helf, seh, versteh, such, wohn, lauf, schlaf, geb, bekomm, bring

aa, ee, oo; Großschreibung

Rechtschreibkurs zu S. 46–51

Wörter mit aa, ee, oo

Nase, Schnee, Weg, Zoo, Hase, Not, leer, klar, Brot, Haare, Familie, Glas, Vogel, Boot, Meter, her, Regen, Waage, Meer, geben, Tag, Kaffee, paar, Tee, Rad

1. Lies die Wörter mehrmals.
   Wie klingen die Selbstlaute?
2. Schreibe die Wörter mit **aa**, **ee** und **oo** auf, und ordne sie nach dem Alphabet.
3. Setze die Schnee-Wörter vom Rand zusammen:
   der Schnee und die Höhle:
   die Schneehöhle,
   der Schnee und das Haus:
   das ...

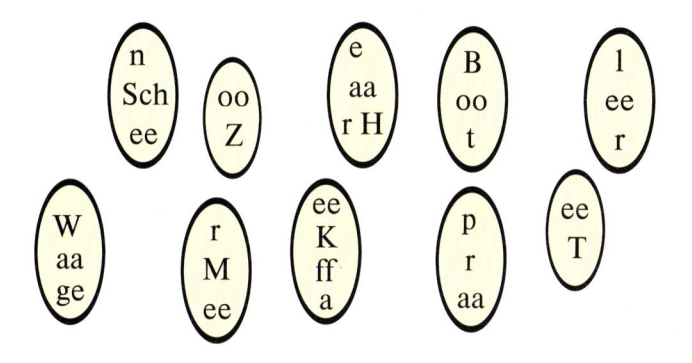

   n Sch ee | oo Z | e aa r H | B oo t | l ee r
   W aa ge | r M ee | ee K ff a | p r aa | ee T

4. Erkennst du die Purzelwörter?
   Schreibe sie mit dem bestimmten
   Begleiter auf:
   der Schnee, ...

5. Auf dem Rand findest du ein Kreuzworträtsel.
   In welche Kästchen gehören die Wörter
   Boot, Kaffee, Meer, Schnee, See, Zoo?
   Wie heißt das Lösungswort?

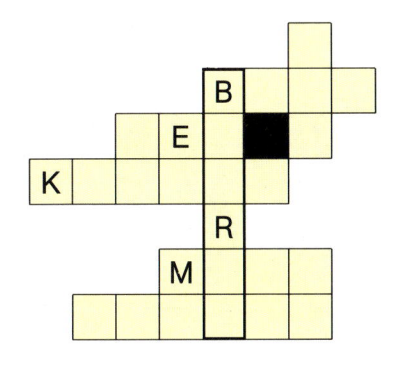

Höhle
Haus
Sturm
Besen
Treiben
Schieber
Ball
Mann
Flocke
Pflug
Schnee
Fall

lange, kurze Selbstlaute; Mitlautverdopplung; Diktat

Rechtschreibkurs zu S. 52–57

Miete, stehlen, ihnen, Nase, Ofen, schief, Aale, Kahn

Mitte, stellen, innen, nasse, offen, Schiff, alle, kann

Lang und kurz

1. Lies die Wörter laut. Was fällt dir auf?
2. Schreibe die Wörter mit langem Selbstlaut auf: Miete, ...
3. Schreibe die Wörter mit kurzem Selbstlaut auf: Mitte, ...
4. Ordne und schreibe so: Miete – Mitte, ...
5. Bilde vollständige Sätze mit einigen Wörtern.

Reimwörter

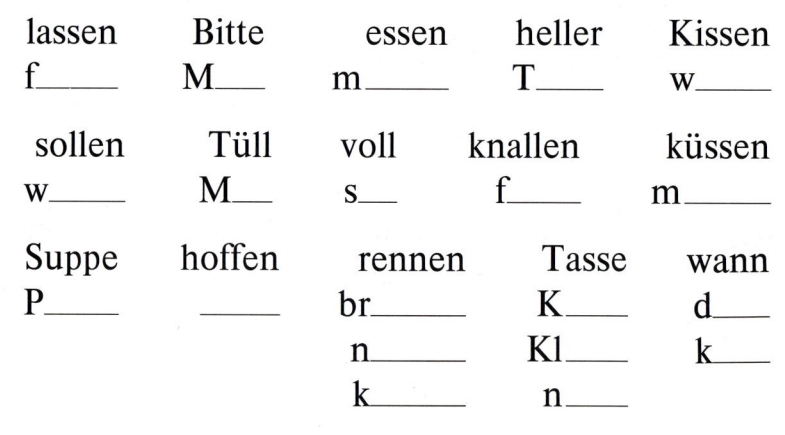

lassen	Bitte	essen	heller	Kissen
f____	M__	m____	T____	w____
sollen	Tüll	voll	knallen	küssen
w____	M__	s__	f____	m____
Suppe	hoffen	rennen	Tasse	wann
P____	____	br____	K____	d__
		n____	Kl____	k__
		k____	n____	

6. Schreibe die Reimwörter auf.
7. Kreise alle doppelten Mitlaute grün ein.

Die Woche

Am Montag, Dienstag, Mittwoch, Donnerstag und Freitag sind wir in der Schule. Und am Samstag? Viele Mütter und Väter müssen auch am Sonntag arbeiten.

8. Schreibe den Text ab.
9. Übe die Namen der Wochentage.
10. Laßt euch den Text diktieren.

Silbentrennung; Kleinschreibung

Rechtschreibkurs zu S. 58–63

Rätsel

| Va- | Bru- | Schwe- | On- | Mut- | Toch- | Tan- |
| -ter | -der | -ster | -ter | -ter | -te | -kel |

1. Setze die Silben zu sieben Wörtern zusammen.
   Es sind alles Bezeichnungen für Verwandte.
2. Zerlege die Wörter in Silben, klatsche leise:
   Freundin, Großmutter, Papier, Einladung,
   Geburtstag, Mann, Junge, Mädchen, Frau,
   Kuchen, Torte, Wohnung, Familie, Freund,
   wohnen, wünschen, Schülerin, Sachen, Schüler.
   Ordne so:
   Wörter mit 1 Silbe : Mann, …
   Wörter mit 2 Silben: Freun - din, …
   Wörter mit 3 Silben: Groß - …

nah – weit, jung – ?, ? – gesund, schwer – ?, ? – groß,
? – naß, schlecht – ?, ? – dunkel
alt, leicht, klein, trocken, weit, krank, gut, hell

3. Schreibe die Wortpaare auf.

   Axel und Sandra Schulz sind [jung / alt].
   Nach dem Regen
   ist das Gras im Garten [trocken / naß].
   Sandras Tante
   wohnt in Konstanz. Das ist [nah / weit] von hier.
   Das Silbenrätsel oben ist [leicht / schwer].
   Die sieben Zwerge sind [groß / klein].

4. Schreibe die fünf Sätze auf.
5. Denke dir zu den anderen drei Wortpaaren aus
   Aufgabe 3 auch solche Sätze aus.

wet

Re

ter

gen

🐛 **Ein Bilder-Silben-Rätsel**

6. Warum wäre das Huhn
   lieber zu Hause?
   Es gibt mal wieder …

101

F/f oder W/w; Mitlautverdopplung; Diktat

Rechtschreibkurs zu S. 58–63

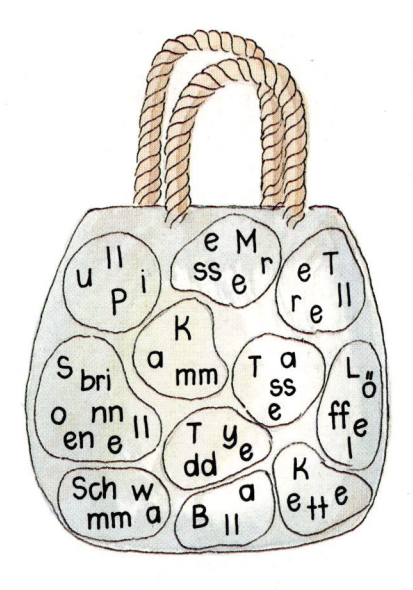

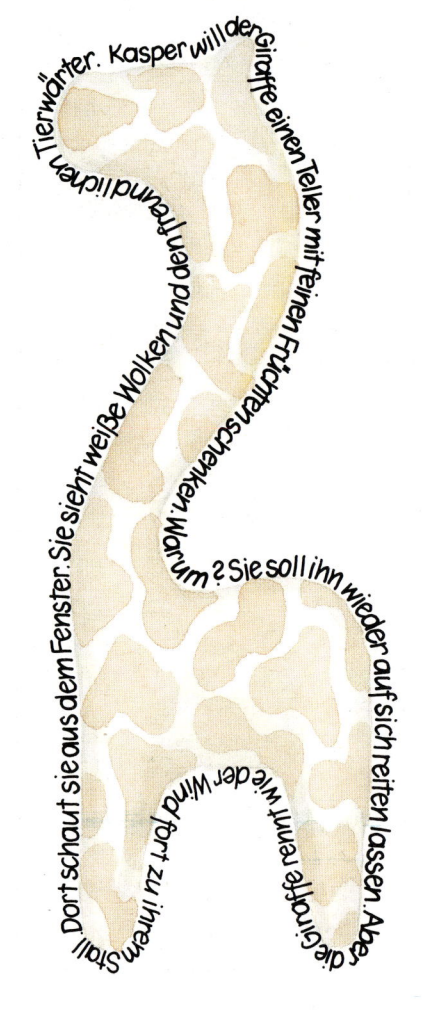

Bald ist wieder Reisezeit

Wir packen unseren Koffer nur mit Sachen, die einen doppelten Mitlaut in ihrem Namen haben: Pulli, Messer, Teller, Sonnenbrille, Kamm, Tasse, Löffel, Teddy, Schwamm, Ball, Kette.

1. Spielt das Spiel „Kofferpacken".
   Ändert jedesmal die Reihenfolge.
2. Erkennst du die Purzelwörter in der Tasche?
   Schreibe sie mit den bestimmten Begleitern auf:
   der Pulli, …
3. Kreise die doppelten Mitlaute farbig ein:
   der Pu(ll)i, …

Wörter mit f oder w

fährt, fast, wir, wollen, von, einige, weinen, damals, fehlen, weil, fest, warum, fliegen, fort, wohnen, viele, freundlich, wenn

4. Sprich die Wörter deutlich.
5. Schreibe die Wörter mit *f* und *w* ab.
   Kreise *f* und *w* mit unterschiedlichen Farben ein.

Wörter mit F oder W

Feld, Wind, Weg, Dienstag, Freitag, Vater, Fest, Winter, Wohnung, Weg, Stoff, Fahrrad, Freundin, Garten, Feuer, Frau, Wand

6. Sprich die Wörter deutlich.
7. Schreibe die Wörter mit **F** und **W** ab.
   Kreise **F** und **W** mit unterschiedlichen Farben ein.
8. Schreibe den Text „Kasper und die Giraffe" auf.
9. Kreise **F**/*f* und **W**/*w* farbig ein.
10. Partnerdiktat.

Groß- und Kleinschreibung; Diktat; Alphabet

Rechtschreibkurs zu S. 64–69

Bunte Blumenpracht

Im Garten wachsen ____ Tulpen,
____ Glockenblumen, ____ Stiefmütterchen,
____ Krokusse, ____ Schlüsselblumen.
rote, weiße, gelbe, blaue, gelbe

1. Bilde vollständige Sätze. Setze die Wiewörter richtig ein. Die Bilder helfen dir.

Ich finde Blumen schön

Du ____ deiner Mutter Tulpen mitbringen. Tina ____ : Rosen sind schöner. Tim ____ nie Blumen. Er ____ sie auf der Wiese. Wir ____ auf ein Blatt Papier blaue, gelbe, rote Blumen im grünen Gras. Welche Blumennamen ____ ihr? Sie ____ nicht alle leicht zu schreiben.

2. Setze die Wörter ein:
   kannst, denkt, kauft, findet, malen, kennt, sind.
3. Laß dir den Text diktieren.
4. Unterstreiche alle Wiewörter farbig.

Was stimmt nicht?

5. Ordne die Obstnamen den richtigen Bildern zu.
6. Schreibe die Namenwörter in der Reihenfolge des Abc und mit ihren Begleitern auf:
   A: der Apfel, Bild 3
   B: ...

① Birne
② Pflaume
③ Johannisbeeren
④ Erdbeere
⑤ Apfel
⑥ Kirsche

103

Mitlautverdopplung; Silben; Wortbausteine; Diktat

Rechtschreibkurs zu S. 70–75

Wörter trennen und zusammensetzen

kommen, Freundinnen, hoffentlich, will, wollen, Sonne, Himmel, Wasser, messen, kann, faßt, treffen, essen, kennen, Bälle, Blätter, innen, fassen, Roller, bitten, bellen, können, Herren, schnell, alle, Mitte, Abend, Zimmer, üben, aber

1. Schreibe die Wörter nach Silben getrennt auf: *kom - men, Freun - din - nen, ...*
2. Welche Wörter bleiben übrig? Diese Wörter kannst du nicht trennen: *will, Abend, ...* Schreibe sie auf.
3. Kreise bei allen Wörtern die doppelten Mitlaute farbig ein.
4. Setze diese Zeitwörter mit den Wortbausteinen vom Rand zusammen: kommen, bitten, nennen, messen, stellen, passen.
   Schreibe nur zusammengesetzte Zeitwörter auf, die du kennst: *ankommen, ...*
5. Setze grüne und blaue Namenwörter zusammen: *die Klassenkasse, ...*
6. Zeichne Silbenbögen unter die zusammengesetzten Namenwörter: *Klassenkasse, ...*

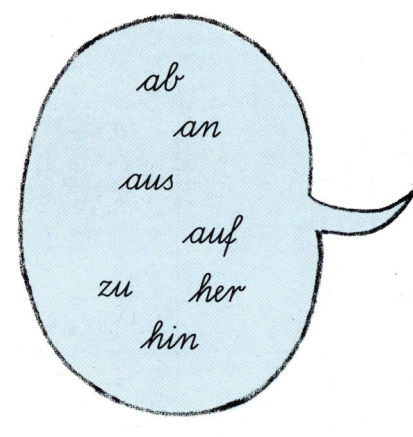

ab an aus auf zu her hin

Wasser, Klasse, Sonne
Stoff, Zimmer
Ball, Blume, Mann
Puppe, Kasse

Tina und Tim erzählen

Jeder nimmt sein Rad, seinen Roller oder kommt zu Fuß zu unserem Platz. Dort treffen wir Freundinnen und Freunde und spielen Fußball. Das gefällt uns mehr als fernsehen!
Bevor es dunkel wird, müssen am Abend alle nach Hause.

7. Schreibe den Text Satz für Satz ab. Prüfe, ob du einen Fehler gemacht hast.
8. Laß dir den Text diktieren.

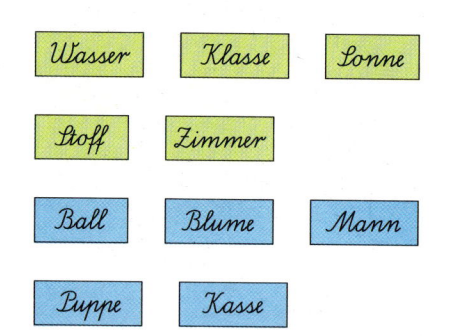

Groß- und Kleinschreibung

Rechtschreibkurs zu S. 76–81

Das können Tina und Tim gemeinsam machen

Ball spielen, malen, erzählen und zuhören, singen, fragen und antworten, Ring werfen und fangen, mit Wörtern spielen, Flieger fliegen lassen, …

> Nach einem Aufforderungssatz steht ein **Ausrufezeichen**.

1. Schreibe so:
   Tina und Tim spielen Ball. Sie …
2. Schreibe Fragesätze auf:
   Spielen sie Ball?
3. Fordere Tim und Tina auf:
   Spielt Ball! …
4. Der Papagei spricht Wörter mit diesen Buchstaben: A, E, H, I, L, M, N, O, P, R, S, T, U.
   Schreibe viele Wörter auf:
   alt, … Ei, …

Banane, Anspitzer, Apfel, Bleistift, Geldstück, Papiertaschentuch, Radiergummi, Schal, Kreide, Heft, Papier, Lineal, Ball

Das Tastspiel

Verbinde deinem Partner die Augen. Dann legst du einige Gegenstände auf den Tisch. Dein Partner fühlt und rät.

reich, fest, blau, eng, scharf, grün, leer, weich, gelb, lang, stumpf, hoch, spitz, rund, hart, frisch, offen, rot, fremd, hell, eckig, klein, dunkel, kurz, groß

5. Ordne so:
   leicht zu fühlen: Ball, …
   schwieriger zu fühlen: Anspitzer, Kreide, …
6. Wie fühlen sich die Dinge an?
   Schreibe Sätze mit Wiewörtern auf:
   Der Ball ist rund. D…
7. Schreibe auch so:
   der runde Ball, der spitze Bleistift, …
8. Was kann man nicht fühlen?
   Zum Beispiel:
   dunkel, …

Groß- und Kleinschreibung; Diktat

Rechtschreibkurs zu S. 82–85

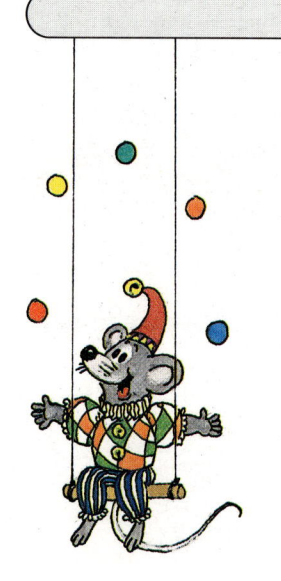

Das Fest der Tiere

Heute abend geben die Tiere ein Fest.
Um neun Uhr geht es los. Der ____ Hund kommt als Katze. Das ____ Pferd zieht sich eine Hose und einen Mantel an.
Zwei ____ Füchse bringen den Roller eines Jungen mit.
Zehn ____ Flöhe spielen Fußball auf dem Tisch.
Um zwölf ist das ____ Fest leider zu Ende.
Alle machen sich auf den ____ Weg nach Hause.

1. Schreibe die Sätze auf. Setze dabei in jedem Satz ein Wiewort ein:
   schön, alt, weit, klein, groß, jung.
2. Schreibe die Sätze in der Frageform auf:
   Geben die Tiere heute abend ein Fest?
3. Schreibe alle Namenwörter mit ihrem bestimmten Begleiter auf:
   das Fest, die Tiere, ...
4. Laß dir den Text diktieren (Partnerarbeit). Verteile die Arbeit auf zwei Stunden.

Die Dressur

Die Zirkusleute müssen ihre Tiere dressieren. Die Tiere sollen die Pfote geben, herkommen, sich bedanken, sich hinlegen, sitzen, aufstehen, schneller laufen, das Maul aufmachen, ein Bein heben, ...

5. Schreibe auf, wie die Zirkusleute die Tiere auffordern:
   Gib die Pfote! ...
6. Schreibe noch fünf Aufforderungen dazu.

Übersicht 2. Schuljahr

Sprache betrachten und untersuchen

Wir sprechen und schreiben in Sätzen

Auf diesen Seiten findest du weitere Beispiele:

> Wir erzählen oder berichten in Aussagesätzen. Nach einem Aussagesatz steht ein Punkt. **.**

12, 17, 23, 25, 53, 59, 65, 66, 90, 91, 106

Wir richten unser Klassenzimmer ein.

> Wir wollen etwas wissen: Wir fragen mit Fragesätzen. Nach einem Fragesatz steht ein Fragezeichen. **?**

25, 26, 61, 84, 94, 105, 106

Wo stellen wir die Blumen hin?

> Wir fordern jemanden auf, etwas zu tun. Dazu benutzen wir Aufforderungssätze. Nach einem Aufforderungssatz steht ein Ausrufezeichen. **!**

26, 63, 106

Stell den Blumentopf ins Licht!

In einem Satz sind verschiedene Wörter

> Mit Namenwörtern nennen wir Menschen, Tiere, Pflanzen, Dinge in der Einzahl und in der Mehrzahl.

11, 13, 17, 21, 30, 44, 59, 67, 77, 80, 81, 85, 87, 88, 90, 103

Tim, der Junge, der Hase, der Baum, der Ball – die Jungen, die Hasen, drei Bäume, viele Bälle.

> Wir können neue Namenwörter durch Zusammensetzung bilden.

56, 67, 72, 85, 94, 99

Haus, Tür – Haustür

> Das Namenwort hat bestimmte (der, die, das) und unbestimmte (ein, eine) Begleiter.

30, 31, 44, 67, 77, 88, 94, 103, 106

der Junge, die Frau, das Mädchen, ein Junge, eine Frau, ein Mädchen.

> Zeitwörter sagen uns, was Menschen, Tiere, Pflanzen, Dinge tun und was geschieht.

23, 32, 37, 51, 65, 75, 77, 84, 93, 95, 98, 104

rufen, bellen, wachsen, klappern, regnen.

> Wir können mit Wortbausteinen neue Zeitwörter bilden.

75, 95, 104

ab-, an-, auf-, aus-, ein-, her-, hin-, schreiben → abschreiben, malen → anmalen; stehen → aufstehen; geben → ausgeben; gehen → eingehen

> Zeitwörter haben einen Wortstamm und verschiedene Endungen.

32, 51, 75

(geh)en; ich (geh)e; du (geh)st; er, sie, es (geh)t; wir (geh)en; ihr (geh)t; sie (geh)en.

> Wiewörter sagen uns, wie ein Mensch, ein Tier, eine Pflanze, ein Ding aussieht oder ist.

60, 66, 67, 101, 105, 106

das junge Mädchen, die kleine Katze, die gelbe Rose, der große Käfig.

107

Wörterliste 2. Schuljahr

A, a

ab
am Abend
aber
acht
alle
alt
am
an
antworten
Apfel, der
   Äpfel, die
im April
arbeiten
Arm, der
Ast, der
   Äste, die
auch
auf
Auge, das
im August
aus
Auto, das

B, b

Ball, der
   Bälle, die
Baum, der
   Bäume, die
bei
Bein, das
bekommen
   bekommt
bellen

Berg, der
Bild, das
ich bin
Birne, die
bis
du bist
bitten
Blatt, das
   Blätter, die
blau
bleiben
Blume, die
böse
brauchen
   brauchst
   braucht
braun,
brennen
Brief, der
bringen
   bringt
Brot, das
Buch, das
   Bücher, die

C, c

– –

D, d

da
dafür
danken
dann
das

dein
dem
den
denken
der
im Dezember
dich
die
am Dienstag
dir
doch
am Donnerstag
Dorf, das
dort
drei
du
dunkel
dürfen
   darf

E, e

Ei, das
   Eier, die
ein
   einem
   einen
einfach
eins
elf
am Ende
   endlich
eng
er
Erde, die
erklären
erlaubt

erst
   erste
erzählen
   erzählt
es
essen
   ißt

F, f

fallen
   fällt
falsch
Familie, die
fangen
   fängt
fassen
   faßt (er faßt)
im Februar
fehlen
   Fehler, der
fein
Feld, das
Fenster, das
fernsehen
   Fernseher, der
fest
Fest, das
Feuer, das
finden
Finger, der
fliegen
   fliegt
folgen
fort
fragen
Frau, die

Wörterliste 2. Schuljahr

am Freitag
fremd
sich freuen
Freund, der
Freundin, die
frisch
fünf
für
Fuß, der
    Füße, die

G, g

geben
    gibt
gehen
    geht
gelb
gern
Gesicht, das
gestern
gestern abend
gesund
Glas, das
    Gläser, die
gleich
Glück, das
    glücklich
Gras, das
greifen
    greift
groß
grün
gut

H, h

Haare, die
haben
    hast
    hat
halten
    hältst
    hält
Hand, die
    Hände, die
hart
Haus, das
    Häuser, die
heben
    hebt
heiß
helfen
    hilft
hell
her
Herr, der
heute
heute abend
hier
Himmel, der
hin
hinaus
hinein
hoch
hoffentlich
hören
    hört
Hose, die
Hund, der

I, i

ich
ihm
ihn
ihnen
ihr
ihrem
ihren
im
in
innen
ist

J, j

ja
Jahr, das
im Januar
jeder
im Juli
jung
Junge, der
im Juni

K, k

kalt
Kasse, die
Katze, die
kaufen
kein
    keinem
    keinen
kennen
    kennt

Kind, das
Kino, das
klar
Klasse, die
klein
kommen
    komm
    kommt
können
    kann
    kannst
Kopf, der
kosten
krank
Kuchen, der
kurz

L, l

lachen
lang
langsam
lassen
    laß
    laßt
    läßt
laufen
    läuft
leer
legen
leicht
leider
lernen
lesen
    liest
Licht, das

Wörterliste 2. Schuljahr

lieben
   liebt
los
Luft, die

M, m

machen
Mädchen, das
im Mai
Mann, der
    Männer, die
Mantel, der
Mark, die
im März
mein
    meinem
    meinen
Menge, die
messen
   mißt
Messer, das
Meter, der
mich
mir
mit
Mitte, die
am Mittwoch
möchte
mögen
   mag
Monat, der
Mond, der
am Montag
am Morgen
   morgen
Müll, der

Mund, der
müssen
   muß
Mutter, die

N, n

nach
Nacht, die
nah
Name, der
Nase, die
naß
   nasse
nehmen
   nimmt
nein
nennen
   nennt
neu
neun
nicht
nichts
nie
im November
nun
nur

O, o

oder
offen
oft
Ohr, das
im Oktober
Ort, der

P, p

Papier, das
passen
   paßt
Pferd, das
Platz, der
Preis, der
Puppe, die

Q, q

– –

R, r

Rad, das
   Räder, die
raten
rechnen
reden
Regen, der
   es regnet
reich
Reihe, die
reisen
   reist
Ring, der
Roller, der
rot
Rücken, der
rufen

S, s

Sachen, die

sagen
   sagt
am Samstag
Sand, der
Satz, der
scharf
schauen
scheinen
Schiff, das
schlafen
   schläft
schlagen
   schlägst
schlecht
Schnee, der
schnell
schon
schön
schreiben
   schreibt
schreien
Schule, die
   Schüler, der
   Schülerin, die
Schwanz, der
schwarz
sechs
sehen
   siehst
   sieht
sehr
ihr seid
sein
   seinem
   seinen
seit
Seite, die
im September

Wörterliste 2. Schuljahr

sich
sicher
sie
sieben
sind
singen
   singt
sitzen
   sitzt
so
sollen
   soll
   sollst
am Sonnabend
Sonne, die
am Sonntag
Spiel, das
   spielen
sprechen
   spricht
stehen
   steht
steigen
Stein, der
Stelle, die
stellen
   stellt
still
Stoff, der
stolz
Stunde, die
suchen

T, t

Tafel, die
Tag, der

Tante, die
ein Teil
   teilen
Teller, der
tief
Tier, das
Tisch, der
tragen
   trägt
treffen
   trifft
treten
   tritt
trocken
tun
   tut
Tür, die

U, u

üben
Uhr, die
   zwölf Uhr
um
und
uns
   unser

V, v

Vater, der
verkaufen
verstehen
   versteht
viel
   viele

vier
Vogel, der
   Vögel, die
vom
von
vor

W, w

Wagen, der
Wald, der
warm
warten
warum
was
Wasser, das
weg
Weg, der
weich
weil
weinen
weiß
weit
wem
wen
wer
werden
   wirst
   wird
werfen
   wirft
wie
Wiese, die
Wind, der
wir
wissen
   weiß
wo

Woche, die
wohnen
   Wohnung, die
wollen
   will
   willst
Wort, das
wünschen

X, x

– –

Y, y

– –

Z, z

zahlen
zählen
zehn
zeichnen
zeigen
   zeigt
Zeit, die
ziehen
   zieht
Zimmer, das
zu
Zug, der
   Züge, die
zum
zur
zwei
zwölf

Inhalt	Sprechen und Hören	Texte verfassen
Wir raten und reimen Seite 4-9	Wortspiele und Rätsel	Lückenwörter ergänzen; Reimwörter; Arbeitstechniken: abschreiben, aufschreiben; Reimgeschichten
Wir leben mit Tieren Seite 10-15	erzählen: Geschichten, zu Bildern, Bildfolgen; auswendig vortragen; Artikulationsübungen	zuordnen: Sätze zu Bildern, Bildfolgen; Handlungsablauf; Lückentext ergänzen
Unterwegs im Verkehr Seite 16-21	miteinander sprechen; Erlebnisse erzählen, Informationen entnehmen, austauschen; auswendig vortragen; darstellendes Spiel	zuordnen: Sätze zu Bildern; abschreiben
Der Körper kann ... Seite 22-27	Bilder zuordnen; üben: Pantomime, Artikulation; Einhalten von Gesprächsregeln, Entschuldigung	zuordnen: Sätze zu Bildfolgen; Handlungsablauf; zweckgerichteter Text: Entschuldigung
Unser Klassenzimmer Seite 28-33	spielerische Übungsformen; erzählen: zu Bildern; begründen; Gesprächsregeln; Artikulationsübungen (sp, st)	schreiben: eigene Sätze, kurze Texte; Lückentext ergänzen
Bald ist Weihnachten Seite 34-39	jemanden einladen; darstellendes Spiel: vorsprechen; erzählen; auswendig vortragen	schreiben: Sätze zu Bildfolge; zweckgerichtete Texte: Einladung, Bastelanleitung, Wunschzettel
Das Jahr und der Kalender Seite 40-45	vortragen: deutlich sprechen und erzählen; jemanden einladen; Informationen: geben und einholen	erarbeiten: Sätze zu Bildern, Bildfolgen; zweckgerichtete Texte: Merkzettel, Brief, Einladung
Winterzeit – Geschichtenzeit Seite 46-51	auswendig lernen; vortragen und erzählen	Handlungsablauf; zuordnen: Sätze zu Bildern; Geschichte weiterführen, Schluß finden; Geschichte erfinden; Lückentext ergänzen
Von der Zeit Seite 52-57	darstellendes Spiel; gezielt fragen und antworten; auswendig lernen; sich entschuldigen; erzählen: zu Bildern; Artikulationsübungen	schreiben: Erlebnisse, erfundene Geschichten, Sätze zu Bildfolgen; Handlungsablauf
Zu Hause Seite 58-63	Artikulationsübungen; fragen und Auskunft geben; darstellendes Spiel	Geschichte erfinden; Brief; Glückwunsch
Was blüht denn da? Seite 64-69	Informationen geben und einholen; auswendig lernen	schreiben: Beobachtungen, Sätze zu Bildern
Fernsehzeit Seite 70-75	miteinander sprechen: partnerbezogen, situationsangemessen, informierend; erzählen; weiterführen: Bildergeschichte	Programm zusammenstellen; Tabelle anlegen; zuordnen: Sätze zu Bildfolge; weiterführen: angefangene Geschichte; Lückentext ergänzen
Wir basteln und spielen Seite 76-81	darstellendes Spiel; spielen mit Wörtern	zweckgerichtete Texte: Bastelanleitung, Rezept; Sätze schreiben
Zirkus, Zirkus Seite 82-87	erzählen: Geschichten; Informationen einholen	Geschichte weiterführen
Rechtschreibkurs Seite 86-106		
Sprachbetrachtung (Übersicht 2. Schuljahr) Seite 107		
Wörterliste Seite 108-111		